大國初心

郭海成　著

目錄

CONTENTS

李大釗：從容走向絞刑架的創黨先驅

瞿秋白：開闢光明之路的書生領袖

陳望道：千秋巨筆傳真理

王盡美：善於鬥爭的職業革命家

張太雷：震碎舊世界的英勇戰士

陳延年：亂刃加身亦寧死不跪的革命家

蕭楚女：燃燒自己追求光明的荊楚英傑

羅亦農：傾心工運慷慨捐軀的黨員楷模

向警予：中國婦女解放運動的先驅

夏明翰：鐵骨錚錚的書生革命家

周文雍：把刑場槍聲當作結婚禮炮的英勇鬥士

彭湃：焚燒自己田契的「農民運動大王」

鄧中夏：出身官僚家庭的工人運動領袖

陳樹湘：斷腸就義的紅軍師長

劉伯堅：我黨我軍政治工作第一人

方志敏：黑牢裡鑄就不朽豐碑

劉志丹：機智驍勇的陝北革命根據地開創者

趙一曼：受盡酷刑堅貞不屈的抗日女英雄

楊靖宇：棉絮果腹戰鬥至死的抗聯英雄

江竹筠：在煉獄中永生的「丹娘」

李大釗：
從容走向絞刑架的創黨先驅

> 人道的警鐘響了！自由的曙光現了！試看將來的環球，必是赤旗的世界！

——李大釗

李大釗（1889-1927），字守常，河北樂亭人。新文化運動主將之一，發表《庶民的勝利》《我的馬克思主義觀》等大量宣傳十月革命和馬克思列寧主義的文章和演說，是中國傳播馬克思主義第一人。一九二〇年初，李大釗與陳獨秀相約，在北京和上海分別活動，籌建中國共產黨。中國共產黨成立後，李大釗負責黨在北方的全面工作，並任中國勞動組合書記部北方區分部主任。一九二七年四月二十八日，被奉系軍閥張作霖殺害於北京，時年三十八歲。

投入時代的洪流

李大釗乳名憨頭，一八八九年十月二十九日生於河北省樂亭縣大黑坨村。他的父親李任榮早年患肺病身體虛弱，李大釗出生的前一年即一八八八年五月，冀東地區發生大地震，李任榮受到驚嚇以致病情急劇加重。一八八九年春天，李任榮病逝了，時年僅二十三歲，留下身懷六甲的妻子周氏。李任榮的去世，讓周氏悲傷不已，李大釗一歲半時，周氏

也去世了。李大釗後來回憶這段悲慘的經歷時曾說：「在繈褓中，即失怙恃，既無兄弟，又鮮姐妹，為一垂老之祖父養育成人。」李大釗的祖父李如珍是一個勤快的莊稼人，生養有三個女兒；為了接續香火，才將侄子李任榮過繼到自己家裡來。現在，眼見兒子、兒媳先後身亡，「白髮人送黑髮人」的家庭悲劇讓他痛心不已。因此，李如珍對這個僅有的孫兒極盡關愛。後來在李大釗讀私塾時，李如珍特意請先生給孫兒起名叫耆年，字壽昌，祈願他健康多福。

李大釗極受祖父疼愛，李如珍時常把他帶在身邊，既帶他認識花鳥魚蟲親近自然，又隨時教他識文認字，教導他要知書達理。李大釗家附近有一座古廟，時常有人聚賭。一次，李大釗覺得好奇就去圍觀了一會兒，祖父知道後非常生氣，罰他在烈日下勞動以示懲戒。眾人相勸時，李如珍指著房梁嚴肅地說：「小孩子好比一棵小樹，應當隨時修理，這樣才能長成棟梁之材。」由於李如珍的嚴格教育，李大釗自小就樹立起了明辨是非和踏實做人的道德標準。

七歲時，李大釗到村子裡的私塾讀書。李大釗天資聰穎，兼以勤奮好學，因此學業進步極快，以至於雖然僅僅過了三年，私塾先生就自感才學不濟而請他另擇良師。一九○○年，李大釗到樂亭縣城北的井家坨跟隨曾為國子監優貢的黃玉堂讀書。黃玉堂思想開明，對李大釗啟發很大。一次，黃玉堂給學生們講太平天國的歷史，言談中不免流露出惋惜之情。李大釗聽後深受感動，他對老師說：「洪秀全的很多主張都合乎人情、時運，可為什麼要說他是造反呢？太平天國鼎盛時擁兵百萬、拓地千里，怎麼就失敗了呢？但洪秀全終究是大丈夫，我長大後當效法於他。」當時正值清末，清政府對任何威脅其統治的言論都嚴加監視。因此，黃玉堂雖然欣賞李大釗的才思膽魄，還是趕緊提醒他說：「汝勿言不能之言，欲求免禍，先求慎言。」

一九○五年，李大釗進入永平府中學讀書。當時，清政府正處於崩

潰的前夜，教育上科舉制已經廢除，新學正在勃興。因此，在中學期間，李大釗讀到了康有為、梁啟超等維新派人物的著作，也知道了同盟會的成立以及孫中山等革命黨人的事蹟，思想進步很快。兩年後，他的祖父李如珍病逝。沒了祖父的支持，李大釗頓時面臨失學的危機。幸而這時李大釗已經結婚了，在妻子的支持下，李大釗於一九〇七年夏前往天津求學。當時，天津有三所學校正在招生，分別是北洋軍醫學校、長蘆銀行專修所和北洋法政專門學校。北洋法政專門學校和長蘆銀行專修所都錄取了李大釗，這讓他一度很為難。他「感於國勢之危迫，急思深研政理，求得挽救民族、振奮國群之良策」，想入讀北洋法政專門學校；但家中經濟又很困難，全憑妻子一人支撐，如入讀長蘆銀行專修所則可很大程度上減輕經濟壓力。於是，他給大伯父李任元寫信，李任元見信後馬上給他回信：「你要逛山就逛高山，你要游水就要游大海，應當繼續求學深造。」在伯父的支持下，李大釗決定進北洋法政專門學校學習。當時，國家貧弱、社會動盪，在北洋法政專門學校讀書的學生也是思想混亂、擾攘異常。一次，同學們暢談人生理想，有人說要升官發財、光宗耀祖；有人說願做一位名士，遊歷山水；也有人認為生逢亂世，「今朝有酒今朝醉」，應該及時行樂；更有人懵懵懂懂，不知人生理想為何物，糊裡糊塗虛度光陰。聽著同學們高談闊論各抒己見，李大釗笑而不語。一位同學說：「守常，你的理想是什麼呢？」同學們的目光都投了過來，李大釗頓了一下，嚴肅地說：「我的理想，就是要投入時代的洪流，改造我們的中華國土，不愧為黃帝的子孫。就我個人來說，我活著只希望做一個對老百姓有用的人。我死後，一不要棺槨，二不要埋在地下，我希望把我的屍體扔進大海裡，餵肥魚蝦，供民食用，也使人民得到一點好處。這就是我最大的快樂！」

辛亥革命爆發後，北洋法政專門學校也開展了罷課鬥爭。學校教員白毓昆是同盟會員，參與發動灤州起義，事敗被捕。當清兵要殺害他

時，白毓昆挺立不跪引頸高呼：「此身可裂，此膝不可屈，殺則殺耳，何迫辱為！」白毓昆視死如歸的英雄氣概讓李大釗感佩不已，此後每當路過灤州，他都會感慨「應於此處建一祠宇或數銅像以表彰之」。辛亥革命成功後，清帝雖然退位，但民國政權又被北洋軍閥篡奪，社會黑暗動盪一如從前。李大釗對此憤憤不已：「革命之前，吾民之患在一專制君主，革命以後，吾民之患在數十專制都督。」「共和自共和，幸福何有於吾民也！」不難看出，這時的李大釗已經成長為憂國憂民的愛國志士了。

一九一三年冬，李大釗赴日留學，進入早稻田大學政治本科學習。在日本，李大釗深深地感受到國家貧弱所帶來的恥辱。一次，李大釗參觀東京「遊就館」，發現裡面陳列的很多展品都是日本通過甲午戰爭與八國聯軍侵華戰爭從中國掠奪而來的寶物。睹物傷懷，李大釗不由感慨：「蓋是館者，人以紀其功，我以銘其恥；人以壯其氣，我以痛其心。唯有背人咽淚，面壁吞聲而已。」這一時期，日本早期馬克思主義者河上肇已將馬克思的《資本論》翻譯成日文，並且出版了介紹馬克思學說的著作。李大釗如饑似渴地閱讀這些書籍，對馬克思主義有了最基本的認識。

一九一六年五月，李大釗回國；六月，應湯化龍之邀赴北京辦《晨鐘》報。李大釗原本想借辦報喚起「吾民族之自我的自覺」，但很快發現湯化龍不過想通過拉攏利用他收買人心而已，遂毅然離職。一九一七年一月，李大釗受聘為《甲寅日刊》編輯，發表了許多批判黑暗時局及舊禮教的文章，著重「掊擊專制政治之靈魂」，引起守舊派的仇視。七月，張勳擁戴廢帝溥儀復辟，李大釗被迫避走上海。正在李大釗愁苦憤懣之際，俄國十月革命爆發，李大釗敏銳地覺察到，中國國情與俄國有諸多相似之處，完全可以以俄國為師，實現民族的自救自新。從此，他開啟了為馬克思主義在中國的傳播與實踐而努力奮鬥的人生新篇章。

登高一呼群山應

　　一九一八年一月，李大釗被聘為北京大學圖書館主任；此後，他參與了《新青年》的編輯工作，並發起成立了少年中國學會。七月一日，李大釗在《言治》季刊發表《法俄革命之比較觀》，熱情謳歌十月革命之偉大，指出「前者恆為戰爭之泉源，後者足為和平之曙光」，「俄羅斯之革命是二十世紀初期之革命，是立於社會主義上之革命，是社會的革命而並著世界的革命之采色」。這篇文章是李大釗接受馬克思主義的標誌，此後他又連續在《新青年》發表了《庶民的勝利》《布林什維主義的勝利》等文章，指出歐戰的勝利是「人道主義的勝利，是平和思想的勝利，是公理的勝利，是布林什維主義的勝利，是赤旗的勝利，是世界勞工階級的勝利，是二十世紀新潮流的勝利」。「試看將來的環球，必是赤旗的世界！」李大釗以這句擲地有聲的話語表明了自己對馬克思主義的鮮明態度。

　　五四運動爆發後，鬥爭形勢的發展催迫著李大釗將全副身心投入馬克思主義的研究與宣傳中去。一九一九年整整一年，他筆耕不輟幾無閒暇，平均不到一週就寫成一篇宣傳文章。一九一九年九月，經李大釗等人營救，五四運動期間被捕的陳獨秀出獄。李大釗欣喜之餘，寫下膾炙人口的詩歌《歡迎仲甫出獄》：

　　　　你今出獄了，
　　　　我們很歡喜！
　　　　他們的強權和威力，
　　　　終竟戰不勝真理。
　　　　什麼監獄什麼死，
　　　　都不能屈服了你；

因為你擁護真理，

所以真理擁護你。

……

　　陳獨秀出獄後受湖北省教育廳長李漢俊之邀赴武漢演講，北洋政府
得知後準備在陳獨秀回京時再次將他逮捕。李大釗獲知消息後，立即安
排人提前將陳獨秀接到並隱藏起來。之後，陳獨秀化裝成下鄉收賬的商
人，李大釗化裝成夥計，乘著一輛騾車逃出北京。由於陳獨秀不會說北
京話，沿途需要出面交涉的事情由李大釗一手操辦。到達天津後，陳獨
秀乘船前往上海。在從北京到天津的路上，李大釗與陳獨秀深入分析了
國內外形勢，並達成共識，那就是在中國建立一個共產主義政黨。就
此，也給中國革命史留下了「南陳北李相約建黨」的佳話，中國共產黨
的建黨大業就此拉開帷幕。

　　一九二〇年三月，在李大釗領導下，馬克思學說研究會成立。發起
人有鄧中夏、羅章龍、劉仁靜等十九人。同月，共產國際代表維經斯基
來華，李大釗在北京為其舉行了歡迎會、演講會，還召開了座談會。期
間，李大釗與維經斯基在北京大學圖書館主任辦公室進行了深入交流，
對籌建中國共產黨達成一致意見。為了給建黨打下牢固的基礎，四月，
李大釗介紹維經斯基前往上海與陳獨秀會談。這期間，李大釗進一步認
識到，在中國僅僅建立馬克思學說研究會，已經遠遠不能滿足形勢發展
的需要，他明確指出：中國「要急急組織一個團體。這個團體不是政客
組織的政黨，也不是中產階級的民主黨，乃是平民的勞動家的政黨」。
五月，陳獨秀在上海準備籌建共產主義小組，但對於黨的名稱是叫社會
黨還是共產黨，猶豫不定。陳獨秀寫信徵求李大釗的意見，李大釗明確
回覆就叫共產黨。

　　一九二〇年十月，北京共產主義小組成立，成員有李大釗、張國

燾、羅章龍、劉仁靜、鄧中夏等。李大釗高興地說：「我們這些人只是幾顆革命的種子，今後要努力耕耘，辛勤工作，將來一定會開花結果。」小組的活動地點就在李大釗家裡和他的圖書館主任辦公室裡，小組的活動經費因暫無著落，李大釗遂宣布每月捐出工資八十元，為各項工作之用。

北京共產主義小組成立後，積極開展工人運動，不僅籌辦起了工人夜校，還創辦了《勞動音》雜誌，很受工人們歡迎。一九二一年三月，李大釗前往鄭州等地視察和指導工人運動。他來到鄭州工人中間，熱情地向大家發表演講：「工友們，你們工人可不矮呀，工人夠上天那麼高呢！」李大釗說著就在黑板上寫下一個「工」字，又在下面添上一個「人」字，就變成了「天」字。「工友們好好努力，工人的前途遠大得很呢！」他接著說：「咱們中國四萬萬同胞，兩萬萬男子，兩萬萬女子，要並肩前進，建設一個好的中國！」在李大釗的鼓勵下，鄭州工人夜校很快辦了起來。

在一九二一年六月初中共「一大」召開前夕，共產國際又派馬林與尼克爾斯基來華，他們先到北京與李大釗會面，進一步就召開黨的代表大會、正式成立全國性的中國共產黨組織等問題交換意見。會面結束後，李大釗委託鄧中夏陪同馬林與尼克爾斯基赴上海。馬林到達上海後與陳獨秀取得聯繫，建議早日召開中國共產黨全國代表大會。六月中旬，北京共產主義小組在西城辟才胡同的一個補習學校裡開會，推選赴上海參加「一大」的代表。那時，李大釗正忙於主持北京教師索薪運動，且將主持於七月舉行的少年中國學會年會，其他人也因工作不能分身。正好張國燾已在上海，劉仁靜又要赴南京開會，會後可就近轉赴上海，遂決定由張國燾、劉仁靜作為北京代表參加「一大」。

雖然中共「一大」召開時，李大釗因公務繁忙而未能親自參加，但北方各地共產主義小組的建立都是在李大釗的指導與幫助下建立起來

的，「南陳北李相約建黨」的說法是有事實依據的。因此，雖然未出席「一大」，但絲毫不影響李大釗成為當之無愧的中國共產黨的主要創始人。關於李大釗與中國共產黨創建的關係，老革命家林伯渠「登高一呼群山應，從此神州不陸沉」的詩句，應是最為準確而貼切的。因為中國共產黨創建有一個根本特點，就是思想創建在先、組織創建在後。組織創建，始於一九二〇年八月陳獨秀領導下的上海共產主義小組的正式成立；但思想創建，則肇始於十月革命後李大釗對馬克思主義的研究與宣傳。李大釗於一九一九年五月發表的《我的馬克思主義觀》，可以說是中國共產黨思想創建階段最重要的黨課教材。毛澤東曾說，五四時期「已經有了大批的贊成俄國革命的具有初步共產主義思想的知識分子」，這就是對中國共產黨成立至關重要的思想創建階段。對於自己年輕時思想上的轉變，毛澤東曾在一九四九年中華人民共和國成立前夕對身邊的同志感歎：「三十年了！三十年前我為了尋求救國救民的真理而奔波。還不錯，吃了不少苦頭，在北平遇到了一個大好人，就是李大釗同志。在他的幫助下我才成了一個馬列主義者。他是我真正的老師，沒有他的指點和教導，我今天還不知道在哪裡呢！」從這個意義上看，李大釗是當之無愧的早期中國共產黨人的精神領袖。關於這一點，就連年長他十歲、在中共「一大」上當選為黨的書記的陳獨秀也曾自謙道：「『南陳』徒有虛名，『北李』確如北斗。」

壯烈的犧牲

中國共產黨成立後，李大釗負責黨在北方的全面工作，並任中國勞動組合書記部北方區分部主任。在黨的「三大」和「四大」上，李大釗都當選為中央委員。在李大釗的領導下，北方地區的反帝反軍閥鬥爭蓬勃開展起來。一九二二年八月到一九二四年初，他受黨的委託，幾次往

返於北京、上海、廣州之間，同孫中山先生商談國共合作，為建立國民革命統一戰線、實現第一次國共合作做出了重大貢獻。一九二四年十一月，李大釗在北京發起聲勢浩大的支持孫中山北上、反對北洋軍閥政府的鬥爭。一九二五年五卅慘案發生後，李大釗與趙世炎等人在北京組織五萬餘人的示威，支援上海人民的反帝鬥爭。一九二六年三月，李大釗又積極領導並親自參加了北京反對帝國主義和北洋軍閥的「三一八」運動。這些轟轟烈烈的反帝反軍閥鬥爭，猛烈衝擊了帝國主義勢力和北洋軍閥統治。

　　一九二六年四月十六日，佔據北京的張作霖成為北洋軍閥統治者，就任安國軍總司令。為獲得列強認可早日建立安國軍政府，張作霖在一九二七年三月間親自拜訪各國駐華使節，表示他所拼湊的北京政府是國際反蘇反共陣線的前鋒。為了營造氣氛，整個北京城到處張貼著「宣傳赤化，主張共產，不分首從，一律死刑」的告示。為了向列強表達反蘇反共的決心，張作霖將陰險的目光投向了李大釗。這時的李大釗，不僅是堅定的馬克思主義者，更是宣傳、動員和組織全社會反帝反軍閥鬥爭的領袖人物，在他的領導下，到一九二七年初中共北方區委已有黨員二千〇六十九人，北京、天津、直隸、吉林、山西、察哈爾、熱河、綏遠都建立了黨的基層組織。因此，張作霖視其為心腹大患，亟欲除之。

　　隨著北伐戰爭的順利進行以及中國共產黨領導的上海工人第三次武裝起義的勝利，張作霖惶恐不已，以「前方戰事吃緊，京師治安至關重要」為藉口，大肆搜捕進步人士。在此形勢下，李大釗在北京的處境越來越危險。在蘇聯同志的建議下，李大釗將黨在北京的領導機關遷入位於東交民巷蘇聯大使館西院的原俄國兵營。但在張作霖的指使下，京師員警廳一刻也不放鬆對李大釗的監視，在東交民巷使館區，經常有密探偽裝成車夫對出入人員進行跟蹤，工友閻振三外出送信被特務抓走，廚師張全印上街買菜也被特務抓去。這時陳獨秀特別派劉清揚到北京，要

她督促李大釗向南方轉移，李大釗表示：「我擔負北方區的工作任務，我不能離開自己的崗位。」他的妻子趙紉蘭擔心他的安全，多次勸他離京。李大釗卻說：「不是常對你說嗎？我是不能輕易離開北京的。假如我走了，北京的工作留給誰？你要知道，現在是什麼時代，這裡的工作是怎樣的重要。」即便在楊度傳來張作霖即將派軍警衝入使館區抓捕他的消息，也未能動搖李大釗堅持鬥爭的信心。

一九二七年四月六日上午七時三十分，京師員警廳總監陳興亞率領員警、憲兵及便衣偵探三百多人衝入東交民巷包圍蘇聯大使館。是時，李大釗正在屋裡伏案辦公。伴隨一通雜亂的腳步聲，一群員警和憲兵擁著工友閻振山闖了進來。

一個便衣特務指著李大釗問閻振三：「他是誰？你認識他嗎？」

閻振三搖了搖頭：「不認識。」

偵緝處處長吳郁文走上前來，冷笑著說：「你不認識？我可認識。他就是李大釗！」

軍警們強行逮捕了李大釗，還抓走了他的妻子趙紉蘭和兩個女兒。

李大釗雖然被捕，但他毫不畏懼，「態度甚從容，毫不驚慌」，「著灰布棉袍，青布馬褂，儼然一共產黨領袖之氣概」。面對敵人的嚴刑拷問，他「精神甚為煥發，態度極為鎮定，自承為馬克思學說之崇信者，故加入共產黨，對於其他之一切行為則謂概不知之」，堅貞不屈，始終嚴守黨的機密。

李大釗入獄後，黨組織立刻展開營救。當得知北方鐵路工人為了營救他計劃劫獄時，李大釗考慮到敵人戒備森嚴堅決表示反對：「我個人為革命為黨而犧牲，是光榮而應當，但已經是黨的損失……我不能再要同志們來作冒險事業，而耗費革命力量，現在你們應當保存我們的力量……不要使革命力量再遭損失。」李大釗被捕也引起社會各界的強烈反對。

四月九日，北京九所國立大學校長商討合力營救李大釗，並前往文昌胡同八號拜訪張學良請求疏通。政治討論會會長梁士詒、楊度赴順承王府向張作霖當面陳情。章士釗則托張作霖心腹楊宇霆向張作霖進言：「切不可以一時之意氣，殺戮國士，而遺千載惡名。」國民革命軍也發出通電，警告張作霖不得殺害李大釗。蘇聯政府更以斷交為威脅，要求妥善處理，並在莫斯科市舉行十萬人參加的遊行抗議。

不幸的是，在李大釗入獄後的第六天，也就是一九二七年四月十二日凌晨，一場突如其來的反革命政變發生了。叛變革命的蔣介石隨即密電張作霖：「將所捕黨人即行處決，以免後患。」張作霖雖然決定殺害李大釗，但懾於外界強大壓力不敢舉行公開審判，於是組建由安國軍司令部、京畿衛戍司令部、京師高等審判庭和京師員警廳組成「軍法聯席會審特別法庭」，負責李大釗一案的審理。

一九二七年四月二十八日上午十一時，特別法庭不顧各界人士和社會輿論的強烈反對，公然宣判李大釗等二十名革命者死刑。下午一時，李大釗等二十人分坐六輛囚車，被荷槍實彈的士兵押解到西交民巷京師看守所。面對絞刑架，李大釗第一個走上去，向難友及在場的反動軍警慷慨激昂地宣示：「不能因為反動派今天絞死了我，就絞死了偉大的共產主義，共產主義在中國必然得到光輝的勝利。」他高呼「共產黨萬歲！」英勇就義，時年三十八歲。

一襲長袍、兩撇黑鬚、雙目如炬，堅毅而沉著，這是李大釗留給後人永不磨滅的印象。從「五四」喊劃破長空，到絞刑架上從容就義，李大釗高擎真理的火炬，在舊中

▲ 李大釗「鐵肩擔道義，妙手著文章」手跡

國的漫漫長夜裡閃現出最耀眼的光焰。李大釗曾書寫過「鐵肩擔道義，妙手著文章」的著名對聯。這副對聯，是他革命人生的真實寫照。為了追求真理，李大釗將個人生死置之度外。他說：「絕美的風景，多在奇險的山川。絕壯的音樂，多是悲涼的韻調。高尚的生活，常在壯烈的犧牲中。」他相信「犧牲永是成功的代價」，面對危險絕不畏避。後人讚譽他「沒有宗派氣，內外從如雲」，是對他純潔黨性與優秀品格的最貼切的讚譽。李大釗同志是一位真正的革命者，他的偉大人格和崇高風範，將永載中國共產黨和中國人民革命鬥爭的史冊。

瞿秋白：
開闢光明之路的書生領袖

人愛自己的歷史，比鳥愛自己的翅膀更厲害，請勿撕破我的歷史。

—— 瞿秋白

瞿秋白（1899-1935），江蘇常州人。中國共產黨早期領導人之一，偉大的馬克思主義者，傑出的無產階級革命家、理論家和宣傳家。先後任中央委員、中央局委員和中央政治局委員。在大革命失敗的危急時刻，主持召開中共中央緊急會議，即八七會議，確立了土地革命和武裝反抗國民黨反動統治的總方針。一九三五年二月，在福建長汀轉移途中被捕，對於敵人的勸降，他嚴詞拒絕。六月十八日被敵人殺害，時年三十六歲。

「闢一條光明之路」

一八九九年一月二十九日，瞿秋白出生於江蘇常州一個破落的官宦家庭。瞿家累世為官，但到他的父親瞿世瑋時已經沒落。瞿世瑋頂著一個「浙江候補鹽大使」的虛銜，遊手好閒，並有吸食鴉片的惡習。母親金衡玉知書達理，有一定舊學功底，因此瞿秋白從小就受到母親的薰陶教誨。

五歲時，瞿秋白入私塾讀書。入學第一天，老師教大家「聰敏伶俐，青雲直上」八個字，因為此前母親的教育，所有學生中只有瞿秋白可以認全這八個字。此後，無論是《三字經》還是《千字文》，老師只要教一遍，瞿秋白就可以記住。幼時的瞿秋白，說話不多，但機敏靈活，私塾入口有個高門檻，瞿秋白總是一躍而過。一九〇五年秋，瞿秋白插班入讀離家很近的冠英小學。一九〇九年秋，瞿秋白跳級考入常州府中學堂預科。常州府中學堂在當地頗有影響，入學者須高等小學畢業，且國文、歷史、地理、算術等科目考試合格。當時，廢除八股取士不過三四年，一般人心理上都視進中學如同科舉時代考中舉人一樣。因此招考時四方學子紛至，影響遍及江陰、宜興、無錫等縣。報考的學生年齡多在二十歲以上，甚至還有含飴弄孫的年歲半百之人投考。瞿秋白考入常州府中學堂時，方十歲，頗得時人矚目。一九一一年十月，辛亥革命爆發，常州府中學堂停課。瞿秋白雖僅十二歲，但他在周圍人中最早剪去辮子，高擎著辮子歡呼雀躍：「皇帝倒了，辮子剪了。」一九一三年九月，常州府中學堂改稱江蘇省立第五中學校。十月九日至十一日，袁世凱正式就職第一任大總統，全國各學校一律放假三天，規定全體學生須行禮祝賀。瞿秋白對袁世凱竊任大總統十分蔑視，故意在瞿氏宗祠東側門前掛上白色燈籠，以示抗議。

　　瞿秋白的父親整日裡遊手好閒，又有煙癖，因此全家的生活日趨窘困，漸漸依靠典當衣飾和借貸度日。最後發展到無處可居，全家搬進「瞿氏宗祠」。在舊社會，住祠堂被看作很不光彩的事，只有窮到萬不得已時，才這樣做。瞿秋白在冠英小學讀書時，每年只需繳銀三元；但進入常州府中學堂後，每學年則須繳學費三十元，還要另繳膳費三十元。這一筆學膳費，成了他貧困家庭的沉重負擔。因此，每到開學，全家都為學費發愁。在學校裡，他通常只穿藍布長衫，出校門時才換上制服，為此還遭到富家子弟的嘲笑。這讓少年瞿秋白較早地感受了舊社會

的人情冷暖，促使他少年老成。在學校裡，瞿秋白不喜歡與富家子弟交往，卻愛與窮工友一起交談聊天。舊社會，校工的地位很低，一般師生都不願與他們交往；校工遇著教師，必須讓路；倘坐著時，須即時起身彎腰侍立一旁，以示尊敬。瞿秋白卻對這些校工和顏悅色，平等以待。

一九一五年寒假過後不久，瞿秋白因繳不起學膳費而被迫輟學，這時離他畢業只差幾個月。失學給瞿秋白以沉重打擊，他開始對舊社會的教育制度以及幾千年封建禮教的虛偽產生了懷疑；他感到「心靈裡雖有和諧的弦，彈不出和諧的調」。一九一六年春節正月初五，他的母親為「債」所迫，在絕望中吞食紅頭火柴自盡。雖然悲痛萬分，但為了謀生，母親的「頭七」剛過，瞿秋白就到無錫一所小學當老師，月薪十元。不久，他的父親因為一樁聚賭案避走山東，這個家庭就此徹底星散了。

一九一七年春，瞿秋白來到北京，並於秋天考入豁免學膳費的外交部俄文專修館。五四運動爆發後，瞿秋白帶領俄文專修館的同學積極開展抵制日貨的遊行示威活動，期間他兩次被捕。由於過度辛勞加以獄中條件惡劣，瞿秋白出獄後竟至吐血。親友見而憐之，瞿秋白卻說：「幹了這平生痛快事，區區吐血，算什麼一回事！」五四運動的歷練，讓瞿秋白對腐朽的舊社會充滿了失望，他憤而發問：「君子小人，二三千年來，誰是愛的，誰是易使的？若是君子多愛人，小人多易使，何以翻開歷史來，只見殺人、淫亂的故事？」這時，蘇俄十月革命在中國的影響日漸增大，他決定到蘇俄去，「擔一份中國再生時代思想發展的責任」，「為大家闢一條光明的路」。

一九二〇年十月，瞿秋白以《晨報》特約記者身分啟程赴蘇俄採訪。一九二一年一月，瞿秋白到達莫斯科。他做了大量的考察、採訪，貪婪地閱讀馬克思主義著作和布爾什維克黨的文件，認識到共產主義是可信的、可以實現的新的社會制度。他學習並接受了馬克思主義的社會

革命思想，逐步學會用辯證唯物主義、歷史唯物主義的觀點來改造自己、改造社會、改造世界。一九二一年五月，經張太雷介紹，瞿秋白在莫斯科加入中國共產黨。在蘇俄，瞿秋白數次見到列寧。一九二一年六月二十二日至七月十二日，共產國際第三次代表大會在莫斯科克里姆林宮舉行，瞿秋白第一次見到了列寧，他後來深情地描述無產階級革命領袖的風采：「列寧的德、法語非常流利，說話時沉著果斷，演說時，絕沒有大學教授的態度，而是一種誠摯果毅的政治家態度流露於自然之中。」

一九二二年十一月五日至十二月五日，共產國際召開第四次代表大會，瞿秋白參加了大會並擔任來俄參會的陳獨秀的翻譯。會後，因國內鬥爭需要，瞿秋白於十二月二十一日啟程返國。

「新時代的活潑稚兒」

一九二三年一月十三日，瞿秋白到達北京。北洋軍閥政府欲以月薪兩百元聘他到外交部任職，但瞿秋白拒絕了在這個「率獸食人的政府」裡工作。他決定專門從事中國共產黨的工作，成為一名職業革命家。他自豪地宣示：「我不是舊時之孝子順孫，而是新時代的活潑稚兒。」

六月，瞿秋白赴廣州出席中國共產黨第三次全國代表大會，當選為中央委員。一九二四年一月，瞿秋白與李大釗等出席了國民黨「一大」，是大會宣言的起草人之一。為了維護第一次國共合作，他既同國民黨右派展開堅決鬥爭，也旗幟鮮明地反對黨內的右傾機會主義，明確指出中國革命「非由無產階級取得領袖權，不能勝利」。

一九二七年，蔣介石、汪精衛先後發動反革命政變，對中國共產黨人與革命群眾進行大肆屠殺。中共中央決定在漢口召開八七會議。會上，瞿秋白作為「常委推定的報告人」作了關於黨的新任務的報告。他

在分析當時革命形勢的基礎上，提出黨的策略是開展工農階級鬥爭。會上，他提出的《最近職工運動議決案》等三個決議案由大會討論通過。據記載，「討論三個決議案時，都是先由秋白宣讀議決草案全文，經大家發表意見後，由秋白作結論或由國際代表答覆問題」。這表明此時他已經是中共黨內的實際負責人了。八七會議結束後，瞿秋白又於八月九日主持召開了臨時中央政治局第一次會議。這次會議選舉瞿秋白、蘇兆徵、李維漢為臨時中央政治局常委。會議雖對常委做了工作上的分工，但此後瞿秋白實際負責抓全域工作。至此，瞿秋白不但在實際上，而且在組織上成為繼陳獨秀之後的中共第二位主要領袖。大革命失敗後，黨內在思想上和組織上一度發生混亂。瞿秋白臨危不亂，重點恢復和整頓黨的祕密組織系統和工作機關，組建黨在全國範圍內的祕密交通網，使黨的工作得到恢復和發展。

但是，由於錯誤估計了形勢，瞿秋白在八七會議後指導發動了一系列暴動，使黨的力量受到嚴重損失。對此，他在黨的「六大」及以後多次會議上作過檢查。「六大」以後，瞿秋白任中共駐共產國際代表，在黨的六屆三中全會上為糾正「立三路線」的錯誤發揮了重要作用。一九三一年夏到一九三三年秋，瞿秋白在上海致力於左翼文化運動，積極參加反對反動派「文化圍剿」的鬥爭。三年間，他冒著白色恐怖的危險，宣傳馬克思主義文藝理論，譯介馬克思主義理論著作與蘇聯文學作品達百餘萬字，魯迅對這些譯作給予「信而且達，並世無兩」的高度評價。

一九三四年二月五日，瞿秋白從上海輾轉進入瑞金，擔任中華蘇維埃共和國中央政府教育人民委員。為改變中央蘇區教育落後的狀況，瞿秋白主持建立健全了中央蘇區縣、區、鄉各級教育機構，三個月內就制定、彙編完成《蘇維埃教育法規》。他還想方設法搜集到數千冊圖書，在沙洲壩建立了一個圖書館。這一時期，瞿秋白工作非常繁忙。時任中華蘇維埃共和國臨時中央政府教育人民委員部編審局局長的莊東曉在回

憶瞿秋白時寫道：「在他小小的臥室兼辦公室裡，經常擠滿了一批批來請示的人，提出這樣那樣的問題等他答覆解決，有時忙得連飯都顧不上吃。」為提高工作效率，瞿秋白學會了騎馬，奔波於各地開展工作。當時在瞿秋白身邊工作的劉英回憶說：「在秋白同志身邊工作的人不多，許多文件都是他親自執筆起草。我每次到他那去，總看到他在埋頭寫東西。想到他的身體那樣不好，我也常勸他注意休息，但他總是微微一笑，仍繼續伏案寫作，他把全部精力傾注到工作上去了。」

為改善中央蘇區文化貧乏的狀況，瞿秋白宣導建立了高爾基戲劇學校。但中央蘇區藝術人才匱乏，瞿秋白就從俘虜的粵軍軍官中選擇懂戲劇的人來當教師。可是同學們不願意當白軍軍官的學生，就藉口聽不懂俘虜軍官的廣東話而拒絕上課。瞿秋白得知後，親自來到學校做大家的思想工作。

「同學們，廣東話聽不懂可以慢慢聽。目前你們需要美術的知識，舞臺裝置的知識。他們有這種專門知識，你們沒有，要虛心跟他們學習。他們過去是白軍軍官，繳槍過來了，替紅軍做事了，仍然討厭他們，瞧不起他們，這是不對的。你們天天在唱工農劇社的社歌『我們是工農革命的戰士，藝術是我們的武器，為蘇維埃而鬥爭！』我問你們大家一個問題，藝術這個武器你們究竟拿到手沒有？」

同學們異口同聲地答道：「沒有！」

「既然沒有，我們就虛心地學習，好不好？」

「好！」同學們被瞿秋白說服了！

當時，中央蘇區長年被敵人包圍封鎖，又時常處在反「圍剿」的緊張戰鬥中，工作條件極為艱苦，瞿秋白自己也被排斥在中央領導層之外。但他正是在艱苦的環境中，以極高的黨性嚴格要求自己，克服各種困難，深入基層，深入群眾，調查研究，開創了欣欣向榮的蘇區文化教育工作新天地。

一九三四年十月，中央紅軍主力開始長征。瞿秋白曾要求跟隨紅軍主力長征，但得知中央決定他留在蘇區繼續戰鬥時，他堅決服從組織安排，對即將長征的戰友們說：「祝你們前途順利，祝革命勝利成功，我無論怎樣遭遇，無論碰到怎樣逆境，此心可表天日。」考慮到征途艱險，他還把自己那匹更為強壯的馬與即將隨軍長征的老同志徐特立的馬交換，再三叮囑他保重身體，又把自己的一件長衫送給馮雪峰。在這樣的生死關頭，瞿秋白也決不違背組織命令自由行動，直到犧牲。

「請勿撕破我的歷史」

中央紅軍撤離後，瞿秋白接受組織安排，留在中央蘇區堅持戰鬥。一九三五年初，中央決定送他轉道香港赴上海就醫。一九三五年二月二十四日，瞿秋白一行轉移至長汀縣水口鄉小徑村時，突然被優勢兵力的敵人包圍，不幸被俘，「寄押上杭，是時尚未認出」。面對敵人的酷刑審問，瞿秋白化名林琪祥，假造履歷，迷惑敵人。然而，一個多月後，由於叛徒的出賣，瞿秋白的真實身分被暴露。

得知中共領袖瞿秋白被俘，敵人欣喜萬分，立刻將瞿秋白轉押至駐長汀的三十六師師部嚴密看管。對於瞿秋白這樣一位聲名卓著的人物，敵人決定軟化他以便為其所用。

國民黨第三十六師中將師長宋希濂首先來到牢房勸降。

「瞿先生，我們今天不談政治。」宋希濂企圖解除瞿秋白的戒備心，遞煙給他說：「我此番前來就是看看先生的病如何醫治，生活和健康上有什麼要求。」

瞿秋白直爽地說：「用點藥減輕病痛尚可，認真地治療則完全沒有必要了。作為病人，我並不反對看病吃藥。作為半拉子文人，要寫東西，需要筆墨、紙張、書桌。我有個習慣，寫東西需要煙酒，但目前身

無分文。」

對於上述要求，宋希濂一概應允。回去後立即宣布實施幾條措施：「一、另闢一較大的房間，供給紙張筆墨和現有的古書詩詞文集，備書桌一張；二、新購白褲褂兩身，布鞋一雙；三、按三十六師『官長飯菜』標準供膳，需煙酒時另備；四、每天允許在房間門口的院內散步兩次，指定一名副官和軍醫負責照料，房間門口白天可不設武裝看守；五、自師長以下，一律對瞿秋白稱『先生』；六、禁止使用鐐銬和刑罰。」

過了些日子，瞿秋白被帶進設在長汀中學裡的三十六師師長辦公室。

宋希濂佯作笑臉：「瞿先生，你的病情有好轉了吧？」

「我早已講過，目前的處境，作為囚犯，我服藥只是為了解除點病痛，已用不著作認真的治療。」

「你正在寫什麼，可以談談吧。」

「寫完後可以公之於眾，也會送給你看的。但是，這裡邊沒有共產黨的組織名單，也沒有紅軍的軍事情報。如果你今天要問的是這些，那是會白費時間的。」

宋希濂試探著說：「我想奉勸先生做一名三民主義信徒。因為只有孫總理的三民主義，才是適合中國國情的救國救民的真理。」

「中山先生是中國革命的先驅者，這是毫無疑義的。」瞿秋白明白宋希濂話中有話，他接著說：「但通觀世界政治潮流，對比各種主義、學說，中山先生的三民主義倒像是一盤大雜燴，無所不包，而又缺乏真諦，並不能最終解決中國的出路問題。」

宋希濂不死心，又說：「共產主義如能救中國，何以這樣奄奄一息，瀕於絕境？我鄭重地提醒你，別忘了眼下你自己的處境。」

瞿秋白堅定而明確地回答道：「我對自己目前的處境，十分清楚。

蔣介石決不會放過我的，我從被認定身分之後就沒有打算活下去。宋先生，我鄭重地告訴你，如果你想借此完成蔣介石交給你的任務，那將一定是徒勞的。」

宋希濂勸降無果後，蔣介石又派出國民黨中統局訓練科長王傑夫、行動科幹事陳建中，赴長汀對瞿秋白勸降。行前，陳立夫特別召見王傑夫說：「如能勸降瞿秋白，那在國內國際上的號召和影響都是很大的。」王傑夫自恃做過一些中共大叛徒的勸降工作，偕同陳建中直趨長汀。王傑夫制定了「攻心」策略，決定先以親情動其心，再以利祿奪其志。策略既定，王傑夫就冠冕堂皇地登場了。

初次對陣，王傑夫故作關心地說：「瞿先生，你的問題，你自己沒有興趣考慮，你的朋友，你的親戚和家屬，倒希望你好好地加以考慮。你可不能使他們失望。」

「我相信凡是真正關心我愛護我的親友家屬，特別是吾妻楊之華，也不會同意我這樣毀滅的生存，這樣的生存只會給他們帶來恥辱和痛苦。」

見瞿秋白絲毫不為所動，王傑夫擺出一副惜才愛才的面孔，但又別有用心地說：「我們從南京到長汀來，因為你是一個非凡的人才。你的中文特別是俄文程度在中國是數一數二，你生存下去，可以作翻譯工作，翻些托洛茨基最近批判聯共的著作，這對你來說是輕而易舉。」

聽聞此言，瞿秋白臉色一變：「我對俄文固然懂一些，譯一點高爾基等文學作品，自己覺得還可以勝任。如果譯托洛茨基反對聯共的著作就狗屁不通了！」

初次對陣，王傑夫不但沒有占到上風，反而被瞿秋白批得灰頭土臉。

過了幾天，王傑夫又笑裡藏刀地問瞿秋白：「假設瞿先生不幸犧牲了，是否希望中共中央為你舉行盛大的追悼會呢？」事實上，這個問題

一語雙關，既挑撥瞿秋白與中共中央的關係，又對瞿秋白進行死亡威脅。王傑夫自覺此問殺傷力極強，不禁面露洋洋自得之情。

瞿秋白一眼就看穿了王傑夫的詭計：「我死則死耳，你何必談什麼追悼會？！」一句話就把他頂了回去。

王傑夫見好言勸慰毫無功效，遂換上惡煞般面孔。又一日，他語含威脅地問道：「中共中央過去發動過幾次大暴動，這個責任，你要不要負責？」

瞿秋白毫不示弱：「發動這些革命運動的責任，在中央方面，我當然負責任！」

王傑夫又追問紅軍長征後中央蘇區的黨政軍情況，對此，瞿秋白一律不發一言，拒絕回答。

數次交鋒，王傑夫毫無收穫。但對於瞿秋白這樣的中共大人物，他終究還是不死心。離開長汀前，他再一次做最後的努力。

「瞿先生，我們決定明天就離開長汀回南京。你是不是在我們走以前，最後表示你的真正態度。」

「我的態度，昨天都談得一清二楚，任何改變都是不可能的！」

「現在正是國家用人之際，所以，我們為國家愛惜你的生命。」王傑夫假惺惺地說道，同時話鋒突然一轉：「瞿先生，你不看顧順章轉變後，南京對他的優待。他殺人如麻，中央都不追究嘛！」

不提顧順章這個叛徒則罷，一提到他瞿秋白憤然起身，正色說道：「我不是顧順章，我是瞿秋白。你認為他這樣做是識時務，我情願做一個不識時務笨拙的人，不願做個出賣靈魂的識時務者！」

所有勸降瞿秋白的嘗試都以失敗告終，蔣介石終於發出密電，指令將瞿秋白「在閩就地槍決，照相呈驗」。

六月十八日，是瞿秋白就義的日子。上午八時許，面對環伺周圍的衛兵，瞿秋白昂首走出三十六師師部大門。沿途軍警密布、刀槍林立，

瞿秋白神態自若，腳踩著行進的節拍，時而用俄語、時而用華語反覆吟唱著「英特納雄耐爾，一定要實現！」縣中百姓見之，無不為其大度從容而感動流淚。

敵人在中山公園八角亭為瞿秋白置有「殺頭飯」。瞿秋白先在亭前拍照。他背手而立，昂首挺胸，渾身上下散發出一股英雄氣概。一九三五年七月五日出版的《大公報》報導了瞿秋白來到中山公園的一幕：「全園為之寂靜，鳥雀停息呻吟。信步至亭前，已見菜四碟，美酒一甕，彼獨坐其上，自斟自飲，談笑自若，神色無異。」酒至酣處，瞿

▲ 瞿秋白就義前在八角亭前留影

秋白高唱《國際歌》《紅軍歌》數遍。飯畢，顧視環列亭周的士兵，他仰天長嘯：「人之公餘稍憩，為小快樂；夜間安眠，為大快樂；辭世長逝，為真快樂也！」隨即走出中山公園，漫步走向刑場。他手夾香煙，顧盼自如，不時高呼「中國共產黨萬歲！」「中國革命勝利萬歲！」「共產主義萬歲！」十時許，瞿秋白走到羅漢嶺下蛇王宮側的一塊草坪上，他盤膝而坐，對劊子手微笑點頭說：「此地甚好！」臨刑前，敵人再一次向他勸降，瞿秋白淡然對之：「人愛自己的歷史，比鳥愛自己的翅膀更厲害，請勿撕破我的歷史。」槍聲響起，瞿秋白壯烈犧牲！

新中國成立後，毛澤東曾評價瞿秋白說：「他在革命困難的年月裡堅持了英雄的立場，寧願向劊子手的屠刀走去，也不屈服。他的這種為人民工作的精神，這種寧難不屈的意志和他在文字中保存下來的思想，將永遠活著，不會死去。」周恩來也說：「秋白同志畢生服務人民大眾，卒以成仁，耿耿丹衷心，舉世懷仰。」作為中國共產黨的卓越的政治活動家和宣傳家，他竭盡畢生心智，「為大家闢一條光明之路」，並

為之奮鬥到最後一息。他忠於理想，表現出共產黨人特有的革命操守。他曾說：「我們的不自由是為了群眾的自由，我們的死是為了群眾的生。」歷史不會忘記他，他永遠活在人民的心裡，永垂不朽！

陳望道：
千秋巨筆傳真理

我信仰共產主義終身不變，願為共產主義事業貢獻我
的力量。

——陳望道

陳望道（1891-1977），浙江義烏人。中國共
產黨創始人之一，一九二〇年八月與陳獨秀等一
起發起成立上海共產主義小組。中國共產黨成立
後，任中共上海地方委員會第一任書記。新中國
成立後，歷任華東文化部部長、復旦大學校長等
職。他翻譯的《共產黨宣言》是第一個中文全譯
本，對於馬克思主義的傳播及中國共產黨的成立
發揮了極其重要的作用。

東渡扶桑覓新途

陳望道原名參一，一八九一年一月十八日出生於浙江義烏分水塘村
一戶農民家庭。他的父親陳君元經營有方，積攢下一些田產。在那個風
雨飄搖衣食艱難的時代，對於一般的農民而言，擁有土地並傳之以子
孫，是人生的不二選擇。但陳君元思想開明，並不希望自己的後代按照
他的人生歷程來生活。他希望五個子女能夠通過接受教育而走出不一樣
的人生路，因此，他先後把三個兒子、兩個女兒送進學堂。當時，傳統

農民的心中固守「女子無才便是德」的陳舊教條，因此陳君元送女兒讀書這件事，在村子裡鬧得沸沸揚揚。然而陳君元不為所動，堅持自己的決定。陳望道作為陳君元的長子，在這樣一種積極向學的家庭環境中成長，因此在讀書求學上格外地用力。

陳望道六歲就進村子裡的私塾，學習《四書》《五經》等傳統文化知識。十六歲時，他考入義烏縣立第一高等小學，學習數學和博物等自然科學課程。雖然陳望道前後在縣城讀書一年，但這段學習經歷卻帶給他天翻地覆的變化。當時正是清政府崩潰前夜，列強侵凌、內政荒廢、民生凋敝，這一幕幕慘狀讓他認識到欲要國家強盛，非先開發民智、破除迷信不可。於是，他回到分水塘村，帶領村上的進步青年拆毀廟宇砸爛神像。起初，村子裡的守舊村民紛紛阻攔，甚至傳言玷污神靈會給村子帶來災難，肇事者更是首當其衝會受到天譴。但過了一段時間，沒了廟宇神像的村子依然太平如常，謠言才逐漸止息。為開啟民智，陳望道又辦起村學。但他很快自感知識匱乏難以勝任，便前往浙江省立金華中學繼續求學。

在金華中學讀書的幾年，陳望道努力學習各門功課。這期間，辛亥革命爆發，清王朝被推翻。沒有封建統治者的束縛，各種新思想在中國大地縱橫激蕩、交流碰撞。受此影響，陳望道決意赴歐美留學，去尋求救國救民之道。然而，時運最終將他的留學歐美夢轉變為留學日本。赴日前，母親對陳望道說：「你到外國別去學法律，聽說學法律就要去做官，去殺人。你別去殺人，你是同我一樣不會看殺人的。」但當時的陳望道卻認為「法科是萬能的，是能駕馭時代的」。一九一五年初，陳望道來到日本，先後在早稻田大學、日本中央大學法科學習。在日本，陳望道結識了河上肇、山川均等日本早期馬克思主義者，閱讀了《貧乏談》《唯物史觀研究》《資本論入門》等馬克思主義書籍，他開始認識到解決中國問題僅靠實業是難以成功的，必須進行社會革命。由此，他

從「一時泛覽無所歸,轉而逐漸形成以中國語文為中心的社會科學為自己的專業」。一九一九年六月,他從中央大學畢業回到國內。

回國後,經《教育潮》主編沈仲九介紹,陳望道來到杭州,受聘於浙江第一師範學校當國文教師。這時,五四的風潮蔓延到杭州。陳望道在開明校長經亨頤的支持下,與夏丏尊、劉大白、李次九等幾位國文教師在教學中提倡新文學、白話文,並推動學生的思想解放,提出學生「要明辨是非,反對權威,先生有不對的地方,學生應該批評,不批評的不是好學生」。然而,陳望道等四人在校內推行的教學改革很快招致校內外守舊勢力的聯合反對,他們四人被冠以「四大金剛」的蔑稱,甚至有人揚言要槍斃他們。浙江省教育廳給陳望道等扣上「非孝、廢孔、公妻、共產」的罪名,責令經亨頤解聘「四大金剛」,經亨頤慮與委蛇,試圖保護陳望道等人。守舊派惱羞成怒,乘暑假將經亨頤撤職。孰料一師師生聞訊後,紛紛返校,開展「留經運動」,誓言「吾儕寧為玉碎,毋為瓦全」。浙江督軍盧永祥惱羞成怒,乘一師師生在學校操場集會之機,派出員警包圍在場師生,並亮出刺刀、步槍進行恐嚇。學生們從未見過此種場面,哭成一片。

陳望道走到學生們中間,大聲說:「同學們,大家不要哭。我和大家在一起,老師們和大家在一起,同學們不要哭。」

警長揮舞著手槍大吼:「我命令你們立刻離校返家,否則將武力驅逐,你們後果自負!」

警長的威脅不但沒有嚇倒同學們,反而激發了同學們的鬥志。一個同學站出來對著員警們大喊道:「你們為了數十元賞金竟來恐嚇摧殘我輩手無寸鐵之學子,那我只有犧牲生命以保全人格。」只見這名學生話音甫落,就一個箭步衝上去,從員警手中奪過一把刺刀,向自己刺去。幸虧一名體育教師眼疾手快,奪過刺刀救下了學生。

在場的同學們見此,莫不欲奮起反抗。他們紛紛向員警衝去,現場

一時大亂。陳望道乘機向警長吼道：「學生們都被逼得要自殺了，你們還不趕快後退。否則出了大亂子，只怕你擔待不起。」

警長見局面失控，自覺眾怒難犯，連呼：「快撤！快撤！」帶領員警撤出校園。

經過鬥爭，浙江省教育廳被迫收回撤換經亨頤以及解聘「四大金剛」的命令，「一師風潮」取得初步勝利。但由於守舊派力量的強大，陳望道最終還是被迫離開學校。

「一師風潮」給陳望道以深刻教訓。他覺得在這個舊制度的樊籠裡，即便是搞一些文學改良也有如登天之難，處處是厚厚的壁壘，無從突破，更別說進行社會改革了。他感到，舊制度的壁壘絕不會「不推自倒」，如不進行制度的根本改革，一切努力都將勞而無功。經過痛苦的思考，他終於認識到必須對舊制度進行根本的變革，必須「有一個更高的判別準繩，這更高的辨別的準繩，便是馬克思主義」。也就在這個時候，他正式改名叫「望道」，寓意探尋救國救民之道。

「真理的味道非常甜」

一九二〇年初，陳望道接到民國日報社經理兼副刊《覺悟》主編邵力子的來信，得知上海星期評論社約請他翻譯《共產黨宣言》。原來，《共產黨宣言》雖然早在十九世紀末二十世紀初就為國人所知，但均為隻言片語的摘譯。且由於譯者通常沒有馬克思主義理論基礎，因此這些摘譯中存在許多不準確乃至荒謬可笑的譯法。如朱執信將宣言中的「全世界無產者，聯合起來」一句譯得半文不白：「嘻，來。各地之平民其安可以不奮也！」十月革命爆發後，馬克思主義在中國逐漸傳播開來，很多進步知識分子迫切需要讀到全本的《共產黨宣言》。正是在這樣的時代背景下，邵力子向星期評論社推薦了陳望道。想到「一師風潮」中

反動派的種種惡劣行徑，陳望道覺得自己有義務、有必要承擔起譯介《共產黨宣言》這項神聖的工作。一九二〇年農曆春節前，他帶著日文、英文兩個版本的《共產黨宣言》，回到了分水塘村的家中。

雖然精通日語、英語，有一定的馬克思主義理論基礎，又有扎實的國文功底，但陳望道絲毫不敢掉以輕心，他深知翻譯《共產黨宣言》的重大責任及意義，以及出版後將對中國社會帶來的歷史性影響。為了集中精力心無旁騖地做好翻譯工作，他特意從日常的居室搬出，住進家裡的柴房。柴房平日裡供儲藏之用，年久失修以至透風漏雨、破敗不堪。陳望道在柴房裡用兩條長凳架起一塊床板，由於光線昏暗又點起一盞油燈，就開始夜以繼日的翻譯工作。當時適值寒冬臘月，天氣十分寒冷，冷風又從柴房的牆壁縫隙呼嘯而入，常常凍得他手腳僵硬，乃至於影響書寫。但簡單地呵氣搓手後，陳望道又接著開始工作。這段日子裡，除了食用母親每日送來的餐飯，他幾乎沒有停下過。

春節吃粽子蘸紅糖水是義烏地區的傳統風俗。正月的一天，母親給陳望道端來一盤粽子和一碟紅糖水。過了一會兒，母親擔心紅糖水不夠，又怕影響他工作，就在柴房外說道：「紅糖水夠不夠，要不要再添一些？」正沉醉於翻譯的陳望道一手握筆、一手拿著粽子，邊吃邊寫，頭也不抬地應聲回答：「夠了！夠了！已經很甜了！」又過了一會兒，母親走進柴房收拾碗筷。一進門，驚訝地發現陳望道的嘴角滿是墨汁，再一看，那碟紅糖水一點兒沒動。看到母親詫異的表情，陳望道用手一抹嘴角，才發現了怎麼回事。原來，因為專注於翻譯，陳望道把墨水當成

▲ 《共產黨宣言》中文初譯本

了紅糖水，用粽子蘸著吃了。母親有些心疼地說：「你的嘴巴一定很苦吧？」「不苦！一點也不苦！」陳望道用手指著《共產黨宣言》對母親幽默地說：「因為啊，真理的味道非常甜！」

《共產黨宣言》是國際共產主義運動的第一個綱領性文件，思想之深刻、文筆之精練，都是空前的。因此，要既「信」且「達」又「雅」地將它翻譯成中文，是非常困難的。恩格斯自己也曾說過：「翻譯《共產黨宣言》是異常困難的。」陳望道翻譯過程中，將日文本與英文本反覆對照，字斟句酌，每一個字、每一句話都務求準確合意。陳望道深知，一篇文章精彩不精彩，能不能吸引讀者，很多時候取決於開篇的第一句話。因此，他對第一句話反覆推敲，終於譯出了人們讀來都被深深吸引的經典名句：「一個幽靈，共產主義的幽靈，在歐洲徘徊。」陳望道之後，有多個版本的中譯本面世，但這句開篇的譯文始終沒人可以超越。

終於，在「費了平時譯書五倍功夫」的努力下，經過兩個月的艱苦工作，陳望道完成了全部翻譯工作，這是《共產黨宣言》的第一個中文全譯本。

一九二〇年五月，陳望道將《共產黨宣言》中文全譯本帶至上海，交由陳獨秀和李漢俊審閱，並於八月在上海社會主義研究社印刷出版。出版後，隨即引發巨大反響，首印的千餘本很快售罄。隨後平民書社、上海書店、國光書店、長江書店和新文化書社等相繼大量出版該書。到一九二六年，《共產黨宣言》已印刷十七次，累計銷售數十萬冊，北伐軍中幾乎人手一冊。陳望道翻譯的《共產黨宣言》廣泛傳播，引起反動派的恐懼。他們處心積慮造謠污蔑，攻擊馬克思主義是洪水猛獸。陳望道作為《共產黨宣言》的翻譯者，也受到各種各樣的攻擊，但他絲毫不為所動，始終堅信馬克思主義是真理，認為「真理總是不脛而走的」，沒有什麼可以阻擋馬克思主義的發展和最終勝利。

一片赤心終向黨

一九二〇年五月，陳望道擔任《新青年》編輯。隨之，他與陳獨秀、李漢俊等醞釀成立上海馬克思主義研究會。研究會成立後，陳望道利用自身掌握多種語言以及長於寫作的特長，積極翻譯出版馬克思主義理論著作，撰寫理論文章。為啟發和教育工人，他翻譯了《勞動運動通論》《勞農俄國的勞動聯合》等文章，引起很大反響。此外，陳望道也積極走上街頭，宣傳革命理論。一九二〇年八月，上海共產主義小組成立，陳望道是成員之一。一九二一年農曆新年，陳望道和同志們準備了很多賀年片，去向群眾派發。他曾回憶說：「賀年片上一面寫上『恭賀新禧』，另一面寫上共產主義口號。我們一共七八個人，全都去，分兩路，我這一路去『大世界』和南市，兩路都是沿途每家送一張賀年片。人們一看到賀年片，就驚呼：『不得了，共產主義到上海來了！』」事後統計，共送出賀年片一萬餘張，陳望道與大家對此興奮不已。

中共「一大」召開後，陳望道出任上海地方委員會書記，但不久就因不滿陳獨秀的家長作風而辭職，並在這段時期曾提出退黨。為此，黨組織派沈雁冰前去勸說挽留，陳望道說：「你和我多年交情，你知道我的為人。我既反對陳獨秀的家長作風而要退黨，現在陳獨秀的家長作風依然如故，我如何又取消退黨呢？我信仰共產主義終身不變，願為共產主義事業貢獻我的力量。我在黨外為黨效勞也許比黨內更方便。」雖然陳望道就此暫時脫離黨的組織，但他始終忠誠於黨。在那個社會形勢風雲變幻危險無處不在的特殊時期，他始終堅持理想、堅守原則，「雖然離開了組織，但只要是黨的工作，一定盡力去做」。

一九二三年秋，受陳獨秀委派，陳望道前往上海大學任中文系主任，後任教務長、代理校務主任。上海大學由中國共產黨直接創辦，很多教職員工都是共產黨員，學生普遍具有進步思想。「四一二」反革命

政變後，反動派直指「上大是赤色的大本營，是煽動工潮、破壞上海秩序的指揮機關」，將學校查封關閉。一九二九年冬至一九三〇年，受上海地下黨委派，陳望道擔任中華藝術大學校長。但中華藝術大學最終也因傳播進步文藝而被查封。面對國民黨反動派的一次次鎮壓，陳望道悲憤萬分，他大聲疾呼：「我要慟哭死者，憑弔生人！願千千萬萬的生命不要這樣就算了的！」為了堅持戰鬥，他繼續在復旦大學等學校開展革命文化教育工作。一九三一年的一天，復旦大學的進步學生聚會，有位中文系的學生敲響了校鐘。但校規不許學生隨意敲鐘，校長決計開除這位學生，要時任中文系主任的陳望道副署。陳望道為了保護這位學生拒絕簽字，由此得罪校長，被迫離開復旦。

一九三二年夏，應安徽大學之聘，陳望道前往安大任教。但他還沒有啟程，敵人就將載有「《共產黨宣言》譯者陳望道最近擬定赤化安徽大學計劃」消息的反動刊物《社會新聞》，分寄安徽大學校長、文學院院長、中文系系主任等人，意圖迫使他們解除對陳望道的聘任。陳望道到達安徽大學後，聞聽自己人未至而脅迫信件已先期到達，就笑著對迎接他的安大同仁說：「諸君，想必各位已看過『新聞』，我可是赤化分子呦，你們怕不怕？怕，我現在就走。」大家忙說：「不怕！不怕！」獲知陳望道留在安徽大學，敵人千方百計給他製造麻煩。陳望道上課時，敵人就派「軍人」前來監聽，他外出時，又派特務跟蹤盯梢。嚴重的干擾，使陳望道無法在安徽大學正常教書、生活，被迫辭去教職回到上海。

全面抗戰爆發後，上海淪陷。陳望道利用租界的掩護積極開展抗日活動，引起了敵偽的注意，特務機關將他列入黑名單。一九四〇年秋，陳望道為避免汪偽特務的迫害，從上海經香港轉赴重慶，任教於復旦大學中文系，一九四二年開始擔任新聞系主任。他利用新聞系主任的身分，創建了一座新聞館，經常組織進步師生在館內收聽延安廣播，收錄

下的新聞在校內廣泛傳播，師生稱新聞館為「夏壩的延安」。蔣介石獲知後，親令中統特務對陳望道嚴加注意和查辦。特務的監視與干擾一度讓陳望道萌生去延安的念頭，但由於敵人的嚴密封鎖而未能成行。於是，他就竭盡全力開展學生民主運動。黨組織派人與他祕密聯繫，他堅定地說：「請把黨的意圖告訴我，把反動學生的名單告訴我，我會知道怎樣行事的。」這時，黨曾歡迎他回到組織中來，但他考慮到自己在黨外可以發揮更大的作用，於是誠懇地表示：「現在還不是時候，但是總有一天我會回到黨組織的懷抱中來的。」

抗戰勝利後，陳望道隨復旦大學遷回上海。此後，隨著內戰的爆發，特務對學校的威脅也越來越嚴重。陳望道不懼威脅，始終奮戰在爭取民主自由的鬥爭前線，因此不斷受到敵人的恐嚇。一九四八年下半年，反動刊物《新新聞社》在復旦大學校門口張貼致陳望道的「公開信」，對他公然進行恐嚇，聲稱「新聞系的赤化，系主任陳望道應對此負總的責任」。一九四九年四五月間，上海的形勢更加嚴峻。反動派開始覆滅前的最後掙扎，大肆屠殺進步人士，陳望道再次被列入特務的黑名單。在上海地下黨的安排下，陳望道轉移隱蔽起來。新中國成立後，陳望道長期擔任復旦大學校長。一九五七年六月，根據陳望道本人的請求，經中共上海市委報請中共中央批准，由中央直接吸收他為中國共產黨黨員。至此，他又重新回到黨組織的懷抱。

陳望道的一生，是為黨奮鬥的一生。在他的鬥爭生涯中，無論是在黨內還是在黨外，他始終以黨與人民的利益為重。他翻譯的《共產黨宣言》是第一個中文全譯本，對於促進馬克思主義在中國的傳播及中國共產黨的成立發揮了極其重要的作用。毛澤東曾說：「有三本書在我的思想上影響特別大，建立起我對馬克思主義的信仰。我一經接受了馬克思主義是歷史的最正確的解釋之後，我便從沒有動搖過。一本書是陳望道翻譯的《共產黨宣言》，這是第一本用中文印行的馬克思主義的書。」

周恩來也曾當面對陳望道說：「我們都是你教育出來的！」魯迅先生也稱讚陳望道說：「埋頭苦幹，把這本書譯出來，對中國做了一件好事。」雖然時光流逝，人民永遠不會忘記他的千秋巨筆！

王盡美：
善於鬥爭的職業革命家

全體同志要好好工作，為無產階級和全人類的解放和
共產主義的徹底實現而奮鬥到底。

——王盡美

王盡美（1898-1925），山東莒縣人，中國共
產黨的創始人之一。曾任中共山東區支部書記、
中國勞動組合書記部山東分部主任、中共山東地
方執行委員會書記等職。領導過山海關、秦皇島
等地的罷工鬥爭，是開灤五礦總同盟罷工指揮部
的成員之一，參與領導過膠濟鐵路工人大罷工。
一九二五年八月十九日在青島逝世，時年二十七歲。

濟南求學

王盡美，原名王瑞俊，一八九八年六月十四日出生於山東省莒縣北
杏村的一個貧苦且命運多舛的佃農家庭。他的父親王五小時候有四個哥
哥，但未料先後夭折，祖父王興業難以承受喪子之痛，也早早去世了。
更讓人痛心的是，王五結婚僅兩年又去世了，留下了年邁的母親與身懷
六甲的妻子。因此，當王盡美出生後，他所能依靠的只有祖母和母親兩
個貧弱的女人。在當時的農村，家裡沒有一個成年男人頂門定居，很容
易受人欺負。王盡美就是在這樣的環境裡掙扎著生活，每天所祈望的就

是填飽肚子。讀書，對他而言，是一個想也不敢想，同時也是根本不可能實現的夢。

但一個偶然的事件，讓王盡美有了讀書的機會。北杏村有一戶地主想給自家九歲的孩子找個陪讀，王盡美當時剛好八歲，聰明伶俐且年齡相仿。經過旁人說合，地主家同意讓他陪讀。得到讀書機會的王盡美，很快便展現出讀書的天分。他刻苦學習，學業精進，常常得到老師的表揚，成績也往往較比他大一歲的地主孩子為優。這自然引起地主家的不快，他們經常藉故為難、斥責王盡美，使他受盡了屈辱。但是，對王盡美而言，所有的屈辱都不及讀書的機會重要，只要有書讀，他什麼都能忍受。然而，陪讀不及一年，地主家的孩子忽然生病夭折，王盡美自然也就失去了繼續讀書的機會。不久，另外一戶地主家也想給自家孩子找個陪讀，聽聞王盡美學業優秀，有意招攬他來陪讀。於是，在旁人的說合下，王盡美又一次做起了陪讀。但讓人沒有想到的是，未及一年，這戶地主家的孩子也是突然發病，數日間就夭折了。一時間，謠言充斥了村子，大家紛紛傳言兩戶地主家的孩子都是被「克」夭亡，原因就是王盡美的命太「硬」，不吉利。這些謠言讓年幼的王盡美難以承受，他決定不再讀書了。他寧可在家裡從事繁重的體力勞動，也不願意聽到那些讓他傷心至極的惡言惡語。但他的母親不想讓兒子永遠只做一個貧苦的農民，她堅持送兒子去讀書。因此，從地主家失學幾年後，王盡美開始了求學之路。在母親的全力支持下，他終於讀完了小學。但在王盡美的心中，始終有一個問號，那就是為什麼自己的家庭一年到頭如此辛苦卻難得溫飽。有一次，他問母親：「為什麼地主家坐享榮華富貴，而咱們家即便過年也難得吃上一頓餃子呢？」母親哀怨地說：「孩子，這都是咱們的命不好，窮人只能認命，還能有什麼辦法呢！」「可這命就不能換一換嗎？窮人就活該祖祖輩輩受窮嗎？」王盡美憤憤地說道。他暗下決心，一定要改變這窮苦的命運，不單為他自己、為這個家庭，更為那

普天下的窮人。

一九一八年，懷著改變命運的抱負，王盡美考入山東省立第一師範學校。在這裡，他知道了十月革命，知道了馬克思主義，他感覺在自己的面前終於打開了一扇改變命運的窗戶。學習之餘，他積極參加各種各樣的學生活動。王盡美能寫會畫，又善於演講，可以說是一位天生的宣傳家，大家都很喜歡他。他也經常到伙房同炊事員們談心，藉以加深對社會的瞭解。炊事員老王家境貧苦、負擔沉重，每日裡時常蹙眉歎息自己的命不好，王盡美發覺後，就主動開解他，給他講窮人翻身的道理。並在老王的扇子上題了一首詩：「為何貧困並非命，乃因世事太不公。如把腦筋肯開放，天下大事無不成。」在王盡美的開導下，老王慢慢認識到自己的境遇並非命運不濟，而是封建黑暗的世道造成的。後來，老王辭掉伙夫的工作到博山煤礦去當工人，並參加了共產黨。為了不負王盡美的教誨，他給自己改名叫「王開成」，意為腦筋一「開」，敢革命，就可萬事皆「成」。

五四運動爆發後，鬥爭的風潮很快蔓延至濟南。王盡美被推選為省一師的學生代表，他聯絡濟南各校學生鬧學潮，率先喊出「罷課乃求學之好機會」的鮮明口號。他和同學們組織起來，號召抵制日貨，維護國權。他自己也編寫了愛國歌曲，教給百姓們傳唱，藉以擴大聲勢。有一首歌的歌詞是這樣寫的：

> 看看看，滔天大禍，飛來到身邊。日本強盜似狼貪，硬立民政官，此恥不能甘，山東又要似朝鮮！嗟我祖國，攘我主權，破我好河山。
>
> 聽聽聽，山東父老，同胞憤怒聲。送我代表赴北京，質問大總統，保護我山東，反對賣國廿一條！堂堂中華，炎黃裔冑，主權最神聖。

王盡美創作的這些歌，歌詞通俗易懂，旋律簡單易學，因此很受大家歡迎，百姓們紛紛傳唱，影響頗大。

一九二一年七月，王盡美作為濟南共產主義小組的代表，參加在上海召開的中國共產黨第一次代表大會。會後，他情不自禁地作了《肇在造化——贈友人》一詩：「貧富階級見疆場，盡美盡善唯解放。濰水泥沙統入海，喬有麓下看滄桑。」抒發了自己為實現盡善盡美的共產主義理想努力奮鬥的抱負，並將名字正式改為「盡美」。從此，王盡美就正式從一名充滿反抗意識的學生變為一名滿懷理想的職業革命家。

領導罷工

中國共產黨成立後，高度重視開展工人運動，因此成立了「中國勞動組合書記部」，負責指導全國工人運動，王盡美擔任山東分部的主任。一九二二年七月，在王盡美的努力下，山東分部的機關刊物《山東勞動週刊》面世。為喚醒民眾，王盡美在「創刊號」上發表了他的詩作：「無情最是東流水，日夜滔滔去不停。半是勞工血與淚，幾人從此看分明。」這首詩由於直接指出了勞工的悲慘際遇乃因剝削壓迫所造成，因此在群眾中間引發了強烈反響。一九二二年九月，黨的「二大」以後，王盡美前往山海關，發動、領導山海關鐵路工人開展反抗剝削壓迫的運動。

山海關是近代以來中國北方地區產業工人比較集中的地區。因為唐胥鐵路和胥山鐵路的緣故，一九二二年時這一地區有鐵路工人兩千八百餘人，大部分集中在一家鐵工廠。鐵工廠隸屬於京奉鐵路管理局工務處總工程司，工務處長和廠長都是英國人。工廠豢養了一批大大小小的封建把頭，他們與英國人勾結起來盤剝工人。工人們雖每日辛苦勞作，但所得微薄，常常是掙扎於生死存亡線上。當時，一個中國工人根據崗位

不同每月通常只有三到四元不等的工資，但一個英國總管每月工資通常多達一千餘元，是中國工人的數百倍之多。此外，中國工人的勞動時間通常在每天十小時以上，而且工作權利沒有保障，廠方動輒無故開除工人，工人則求告無門，只能任人宰割。在廠方及英國人的高壓下，山海關鐵工廠的工人為了生存忍辱負重辛苦工作；在表面上看來，鐵工廠的工人們遵規守紀秩序井然，實則在工人們中間暗藏著巨大的反抗情緒，而且這種情緒隨著時間的流逝日漸膨脹。這期間，工人們為了維護自身權益，也曾進行過幾次自發的鬥爭。但由於缺乏組織領導，最終都以失敗告終。這些鬥爭的失敗，使工人們感到必須真正地組織起來，才有可能在與廠方及英國人的鬥爭中獲勝。但是，如何組織、組織起來如何鬥爭、採取何種策略，這些現實存在的困難在黨組織的力量滲透進山海關以前，都沒有得到真正的解決。

　　一九二二年九月，王盡美來到山海關。為切實瞭解工人群體的生活及鬥爭現狀，他應募到鐵工廠成為一名冶鐵徒工。白天，他與工人們一起勞動；晚上，他組織大家學習馬克思列寧主義，分析國內外形勢，尤其是介紹俄國工人經過革命翻身做主人的鬥爭經驗。經過王盡美的辛苦努力，工人們的思想覺悟與鬥爭意識有了很大提高，很多人願意在他的帶領下去鬥爭、去反抗。王盡美感覺到，要想把大家真正團結在一起，必須建立健全的工人組織。當時，山海關工人已經組建有工人俱樂部，但內部機構不健全，組織鬆散，很難發揮真正的作用。王盡美首先從整頓工人俱樂部做起，他根據長辛店工人俱樂部的成功經驗，在山海關工人俱樂部內部設立庶務、交際、娛樂等辦事機構，做到事權分明、責任清晰，有效提升了俱樂部的執行力。但俱樂部能否得到工人真正的擁護，關鍵在於是否有公信力；為此，在王盡美主導下，全體工人參與，民主選舉出了俱樂部的委員。如此一來，工人俱樂部就成了能夠真正代表工人利益、反映工人訴求的戰鬥集體。

山海關鐵工廠工人俱樂部成立後，首先開展了反對封建把頭、工廠總管趙壁的鬥爭。趙壁是當時英國人最器重的爪牙，他仗著英國人的庇護肆意欺壓工人，工人們普遍對其深惡痛絕。但因為有英國人撐腰，大家一時也拿他沒有辦法。王盡美聽說趙壁常年克扣工人工資、吃空餉，便決定在這個上面打開缺口。他安排工人中的積極分子崔玉書暗中留心查訪，終於發現趙壁呈報給廠方的工資發放名單有貓膩，多個被趙壁無故開除的工人名字赫然在列。於是，工人們聯名上書京奉鐵路管理局，要求嚴懲趙壁。為保護工人骨幹，避免不必要的犧牲，王盡美「讓工人用圓圈形式來簽名，使人無法找出誰是帶頭人」。迫於工人們的壓力，加之罪證確鑿，在京奉鐵路管理局的干預下，廠方宣布將趙壁開除。

這件事雖然工人們取得了勝利，但卻惹惱了趙壁的後臺、英國人包孟和工程師陳宏經。趙壁雖然被迫離任，但他們很快安排另一個地痞高六接任工廠總管的位置。隨即，他們又聯合起來對工人展開打擊報復，以「如廁超時」為由將工人俱樂部委員長佟惠亭開除。這種明目張膽、囂張霸道的報復行為讓工人們群情激憤，在王盡美的領導下，大家很快協商擬定出「革除陳宏經」「工人一律加薪」「工人員司待遇平等」等六條意見，並實行罷工，要求廠方接受。可是廠方非但對此不屑一顧，並暗地裡「聯繫軍警準備應付罷工條件」。這時候，形勢陡然加劇，工人罷工鬥爭進入了決定成敗的關鍵時刻。為鼓舞工人們的鬥爭，王盡美親自撰寫了罷工宣言，堅定表示：「不罷工也要凍死、餓死、被壓迫死，與其受辱死，不如奮鬥死。」號召大家「堅持到底，繼續罷工」，「一絲一毫也不讓步！」十月三日，京奉鐵路局警務處處長吳達挺帶著持槍員警來到鐵工廠，揮槍喝令工人們復工。王盡美代表工人們義正詞嚴地與其交涉：「廠方袒護高六，無故開除工人，實在不公。一日不嚴懲高六、革除陳宏經，我們全體工人就一日不復工。」吳達挺沒有想到工人們面對他的槍，依然有如此魄力，氣急敗壞地吼道：「隨便你們罷

工多久，不做工，廠裡發不下薪水，我看你們這幫窮瓜蛋子喝西北風去。我就不信了，你們這幫臭工人還能翻得了天不成。」儘管工人們眾志成城，但罷工日久，大家的生活也成了問題。王盡美認為，工人的鬥爭要想取得勝利，必須要普遍地聯合，互相扶助，才有可能在曠日持久的對峙中贏得勝利。他寫成山海關工人罷工宣言，在《民國日報》發表。長辛店、江漢、唐山等地工人組織紛紛來人來電聲援，開灤煤礦工人俱樂部更是以實際行動表示支援，每人捐獻一天工資，支援山海關工人罷工。但京奉鐵路管理局與廠方繼續采拖延戰術，妄圖讓工人們在身心疲憊、經濟不支的情況下自行取消罷工。王盡美覺得必須採取最堅決的手段逼迫路局和廠方迅速解決問題。十月九日，王盡美帶領一千餘名罷工工人來到山海關火車站，集體橫臥於鐵軌之上，截斷鐵路交通達四個小時之久，給京奉鐵路局以致命一擊。十月十二日，鐵路局迫於交通中斷的壓力，終於答應了工人提出的六點要求，罷工取得圓滿勝利。

這次罷工鬥爭在王盡美的領導下，自始至終有理、有利、有節，前後歷時兩個多月，但沒有一個工人傷亡，在當時乃至世界工人運動史上都是一個了不起的奇蹟。山海關地區的工人群體至今仍在傳頌著王盡美領導罷工時英勇機智的鬥爭事蹟。在其短暫的革命生涯中，王盡美先後領導過五次工人罷工鬥爭，足以證明他是一位傑出的工人運動領導者。

鞠躬盡瘁

一九二三年「二七慘案」發生後，根據上級黨組織指示精神，王盡美從山海關回到山東，全面主持中共濟南支部的工作。這一時期，為了教育、喚醒民眾，王盡美創作了很多詩歌，其中《革命天才明》一詩影響極大。詩中寫道：

工人白勞動，廠主吸血蟲；工人無政權，世道太不公；工人站起來，革命打先鋒！

窮漢白勞動，財主寄生蟲；貧窮並非命，世道太不公；農民擦亮眼，革命天才明！

店員白勞動，財東吸血蟲；人窮並非命，世道太不公；工商聯合起，革命無不勝！

反帝反封建，五四大運動；打爛舊世界，民族才振興；同學快覺醒，革命學列寧！

小兵死千萬，大官立了功；為何打內戰，道理講不清；槍口要對外，反帝是英雄！

一九二四年一月，國民黨第一次全國代表大會在廣州召開，王盡美作為山東代表出席了大會。四月，他幫助國民黨在濟南成立了山東臨時黨部，並當選為執行委員。在王盡美的努力下，山東國民革命運動轟轟烈烈地開展了起來。孫中山對此深感欣慰，遂以個人的名義委派王盡美為特派員，並授予他蓋有「孫文之印」的委任狀，命其負責開展宣傳工作並籌備召開國民會議。借此機會，王盡美奔走於膠濟鐵路沿線，深入礦山、工廠、學校，開展國民會議宣傳活動，為山東的國共合作，做出了重大貢獻。但是，高強度的工作，讓王盡美的身體健康每況愈下。

一九二四年底，王盡美到達青島。為更好地開展工作，他在《大青島報》發表啟事：「敝人此次來青，因無適當住處，致以與各界接洽，諸多不便，殊深抱歉。現與國民會議促成會籌備處商妥，每日下午二時至五時，假李村路二十九號神州大藥房內三層樓上該會會所，招待各界。」聲明發出後，青島轟動，社會各界得知王盡美到來後，紛紛來訪，每日裡自早至晚，訪客絡繹不絕。王盡美本已是帶病之身，但為了不放過任何一個聯繫群眾、宣傳思想的機會，他全力以赴，以至於無暇

休息。這使得他的身體出現了嚴重危機，患上了肺病，時常吐血。

　　一九二五年一月，王盡美赴上海參加中國共產黨第四次全國代表大會。考慮到他病情嚴重，中央改任王盡美為山東地方執行委員會委員，藉以減輕他的工作壓力。但對王盡美而言，疾病帶來的肉體上的痛苦遠遠趕不上不能全身心投入工作所帶來的精神上的苦楚。因此，雖然他住院就醫，但不到一個禮拜就堅持要求出院，返回青島開展工作。過度的疲勞，終於讓他體力難支，不得已再次入院治療。但考慮到住院花費太大，而黨組織的經費本來就很緊張，王盡美決定回老家休養。

　　六月，王盡美回到了北杏村。這是他自一九一八年考入山東省立第一師範學校的七年來，第一次回家。為了解決他的醫療費，黨組織每月寄給王盡美二十元錢，他的家人亦竭盡全力照護他。但他的病情非但沒有好轉，反而有進一步惡化的趨勢。家人們看著他日漸憔悴，忍不住傷心流淚，王盡美時常在昏迷中被家人的啜泣聲喚醒。這時，他總會說：「你們不要難過，我自從走上革命這條路，就從沒想過回頭。搞革命總會有生有死，我現在即便真死了，也是為革命而死，是件光榮的事情。我參加革命這麼多年，走過很多的地方，見過很多像咱們一樣的窮苦人。我現在唯一遺憾的是，窮苦人的命依然是苦的，窮苦人的命還沒有換過來。但我相信，在黨的領導下，窮苦人終究是要翻身的。」

　　為了更好地得到治療，一九二五年七月，王盡美又回到了青島住院治療。這時，他的病情已到了非常嚴重的地步，經常大口大口地吐血。同志們見了異常難過，但他總是安慰大家說：「不要為我難過，你們保重身體，要好好為黨工作。我平生唯一不快之事，就是作為一個革命者，沒能死在戰場上！」八月十九日，王盡美病情加重，溘然長逝！

　　王盡美雖然英年早逝，但他鞠躬盡瘁死而後已的革命精神與英雄事蹟，時刻激勵著人們！彌留之際，他請青島黨組織負責人筆錄了他的遺囑：「全體同志要好好工作，為無產階級和全人類的解放和共產主義的

徹底實現而奮鬥到底。」王盡美，這個窮其短暫的一生為窮人改變命運
而奮鬥的革命者，用生命的光輝為中國革命史書寫了多彩的篇章。新中
國成立後，毛澤東同志視察青島時專門說道：「山東有個王盡美，是個
好同志。」可以說，這是對他最高、最好也最貼切的評價。

張太雷：
震碎舊世界的英勇戰士

無論怎樣，最後的勝利總是屬於我們的。我們的失敗只是暫時的。

—— 張太雷

張太雷（1898-1927），江蘇常州人，一九二〇年十月加入北京共產主義小組。歷任共產國際遠東書記處中國科書記、中國社會主義青年團中央總書記、臨時中央政治局候補委員、中共廣東省委書記、中共中央南方局書記等職，是廣州起義領導人。一九二七年十二月十二日犧牲，時年二十九歲。

發奮求知苦覓真理

張太雷原名張曾讓，學名張復；參加革命後，改名張春木、張椿年，後因立志「化作震碎舊世界的驚雷」，遂改名太雷以銘志。張太雷小時候，家境艱難。一九〇六年，張太雷的父親就病故了。為了維持生活，他的母親到常州張紹曾家幫工，但所得微薄，經常需要親朋接濟。所幸張太雷聰明伶俐，頗得張紹曾看重，因此資助他入學讀書。

張太雷讀小學時，除課本以外，特別喜歡讀歷史故事書。他常常仿照《三國演義》《東周列國志》等書中的情節，將同學們分成兩組，玩

兩軍對壘的遊戲。他的家鄉常州是岳飛抗金、太平天國反清的歷史發生地，因此他對這些故事格外留意，常常設法找野史筆記來讀。而且，他很有正義感，愛打抱不平，看到弱小同學被別人欺侮，總會挺身而出。由於自己出身貧苦，張太雷從小就對窮苦人有同命相惜之情。有一天，他和夥伴們在街道上玩耍，這時一輛黃包車從他們身邊駛過，一陣風吹來，剛好把車夫的帽子吹掉了。夥伴們都大笑起來，因為車上拉有客人，他們想看車夫如何才能撿回帽子。正在車夫面露難色之際，張太雷緊跑幾步將帽子撿回來遞與車夫戴好。夥伴們不解地說：「何必呢？我們正準備看笑話呢！」張太雷卻說：「他拉著車子，上面坐有客人，本身已經很不容易了。如果又要去撿帽子，就會更費力氣。但對我而言，舉手之勞而已，何不幫他一下呢！」

一九一一年，張太雷進入常州府中學堂讀書。當時，正值辛亥革命前夕，於是他特別注意閱讀報紙新聞，瞭解時勢變動。他如饑似渴地大量閱讀，既讀《民呼報》《民立報》《申報》，也讀《新民叢報》《飲冰室文集》和《仁學》；對於歐洲資產階級啟蒙思想家的著作，如盧梭的《民約論》、孟德斯鳩的《法意》和赫胥黎的《天演論》，他都找來仔細閱讀。學校裡有幾個教員是同盟會會員，他們經常向學生們講述鄒容、秋瑾等人的革命事蹟，張太雷往往聽得熱血沸騰、熱淚盈眶。受革命思想的影響，他十分討厭腦後的那根辮子。為表示對清政府腐朽統治的反抗，他與同班同學瞿秋白帶頭剪掉了辮子。武昌起義爆發後，他又帶頭上街遊行慶祝，宣傳革命主張。

辛亥革命後，國家政權被北洋軍閥篡奪，社會依舊動盪不已。一九一五年，袁世凱又與日本簽訂幾乎要變中國為日本殖民地的「二十一條」。消息傳來，舉國震驚，張太雷亦為之痛心不已，他一針見血地指出：「日本帝國主義的野心，是要獨佔中國、滅亡中國；而袁世凱為了要當皇帝，不惜出賣國家主權。」張太雷的這些愛國舉動，引起校方不

滿。不久，校方就以張太雷「素行不道」、擅自組織罷課為藉口，強迫他離校。同年秋，張太雷考入北京大學法科，不久又轉入北洋大學法政科臨時預備班。一九一六年秋，張太雷正式升入北洋大學法科法律學門。

十月革命爆發後，李大釗在《新青年》雜誌上發表了《庶民的勝利》和《布林什維主義的勝利》。張太雷看後深受啟發，從此開始努力去瞭解、學習馬克思主義。一次，他的中學校友來訪，談及人生未來規劃，張太雷堅定地說：「做人要整個兒改，我以後不到上海當律師了。國家興亡，匹夫有責。只有走十月革命的路，才能救中國！」一九一九年五四運動爆發後，張太雷積極參與其中。他組織同學們到鄉村去演講，由於言辭痛切、激情澎湃，聽講的百姓大受鼓舞：「先生講話真對。能一月來一次，使大家永遠不忘才好。」返回市區時，他們又利用等火車的時間在車站月臺演講，「聽者塞途，人人點頭稱是」。及至他們上了火車，聽講的群眾依然「相聚不散，引頸遙望，似恨時間短促，不能盡所欲聞」。八月，為營救被捕學生，張太雷作為天津學生代表趕赴北京，與北京的同學們一起到總統府請願，慷慨宣示：「如果需要，我們可以隨時拋頭顱、灑熱血，絕不遲疑！」由於同學們的勇敢鬥爭，北洋軍閥政府最終釋放了被捕學生。

頭腦清醒警惕叛徒

一九二〇年九月，李大釗發起組織成立北京共產主義小組；十月，張太雷加入。根據中共中央組織部的規定：「我們黨的其他創始人，其入黨時間都應從參加共產主義小組時算起。」因此，一九二〇年十月就是張太雷的入黨時間，他的入黨介紹人即是李大釗。是年冬，張太雷與鄧中夏等人在北京長辛店籌辦勞動補習學校，既教工人讀書識字，同時

傳播革命思想。為團結勞動群眾，他還經常到工人家走訪，一起吃窩窩頭、睡土炕。當時，張太雷每月只有七塊錢的生活費，但他省吃儉用，常常一個月下來花銷不到三塊，節約下的錢就用來接濟工人。因此，工人們很感激張太雷，很快就與他建立了穩固的友誼。

一九二一年二月，中央決定派張太雷前往俄國伊爾庫茨克，任共產國際遠東書記處中國科書記。行前，他給妻子陸靜華留書一封：「我立志要到外國去求一點高深學問，謀自己獨立的生活。我先前本也有做官發財的心念，但是我現在覺悟：富貴是一種害人的東西。」這段樸實的話語表明，張太雷已經被共產主義思想深深感染，已經有了更高尚的人生追求。

一九二二年秋，上海大學開辦。在黨組織的安排下，張太雷到上海大學做教員。據當時在上海大學讀書、後成為張太雷夫人的王一知回憶：「他給我們不少指教和解釋。他的語言中沒有華麗的辭藻，總是在我們談論得非常熱烈或是有爭論、有疑難的時候插進幾句話。而他那簡單的幾句話，總是能深入問題的本質，有不可爭辯的邏輯力量，常使我們疑難解決，爭論停止。他沒有架子，總是朝氣蓬勃、愉快活潑的。他還喜歡開玩笑，有他在場，總是談笑風生，歡騰四座。」一九二三年八月，張太雷隨「孫逸仙博士代表團」赴蘇，討論蘇聯援華、國民黨改組以及國共合作等事宜。代表團任務完成後，張太雷繼續留在蘇聯，進入莫斯科東方勞動者大學學習。一九二四年一月，列寧逝世。張太雷悲痛不已，專門寫悼念文章寄回國內發表，文章在記述列寧棺木抬出薩拉托夫斯基車站那一幕悲壯的場景時寫道：「當時頭上大雪紛紛，鳥雀無聲，只似乎聽見接者的心底哀音。出站後棺木在前，送者隨行，走過的街道，兩旁軍警排列，阻止攔入行列，然而屢見老幼爭相衝入重圍，冀得隨送。街中澈靜，兩旁觀者無數，然而一聲不聞。」這充滿深情的筆觸，表現出的豈止是他對偉大革命導師的哀思與敬仰，更表現出他對共

產主義事業無比堅定的信仰。在蘇聯期間，張太雷廣交革命戰友，經常與日本共產黨人片山潛、越南革命家胡志明討論東方國家的革命問題，並同他們建立了深厚的友誼。

　　一九二四年八月，張太雷自蘇返國，在黨組織安排下負責中國社會主義青年團的工作。同時，他還在上海《民國日報》任主筆，又兼著社論委員會的委員。但他總是神采奕奕，毫無倦色。一九二五年「五卅慘案」爆發後，中共中央決定發動省港大罷工，由張太雷負責發動與領導罷工。為了發動群眾，他大量地寫作和演講。他說：「筆桿和舌頭是我們革命者政治鬥爭的武器，應該不斷運用，不寫不講是不對的！在這個時候，群眾是多麼希望我們寫和講啊！況且我們現在有條件寫和講，那就更應該多寫多講！」有的同志沒有演講經驗，不敢登臺講話，張太雷就鼓勵他們大膽去講去練，並將到群眾中演講稱之為「上陣」。每次同志們「上陣」前，張太雷都要對演講內容仔細把關，並提醒大家注意演講技巧。同志們演講完畢下臺後，他都會打趣地說：「這一仗打得如何啊？」如果同志們回答說「又打敗了！」「沒打好！」他就說：「沒關係！下次再準備得好些！」如果同志們說「還可以」，他就會興奮地說：「你看，我說對了吧，世上沒什麼難事，只要肯學肯練，就一定會成功！」在緊張的革命工作之餘，他常到廣州郊外踏青。他熱愛這個國家，熱愛大自然賦予這個國家的一切。然而，他越愛這美好的河山，就越痛恨帝國主義與封建軍閥對這美好人間的破壞與踐踏。有時，他站在屋頂俯瞰廣州繁華的市容；有時，他又乘坐小船欣賞珠江兩岸的美麗夜景。這些生活的美好，都喚起他對生活的熱愛，以及對未來的期待；他常常會情不自禁地抒發對未來生活的嚮往：「生活多可愛啊！我們將來的新社會，一定比現在更美好！」他還常常唱起《國際歌》：「這是最後的鬥爭，團結起來到明天，英特耐雄納爾就一定要實現！」可以說，他始終對革命的勝利抱有最大的信心，願意付出最大的努力，乃至做出

最大的犧牲。

一九二六年三月二十日，蔣介石在廣州製造了「中山艦事件」。這時，國共合作已顯破裂端倪。張太雷的心情異常沉重，他預感到事件絕不會這麼簡單。事實上，早在「中山艦事件」之前，他就對蔣介石叛變革命有所警惕。三月十九日，亦即「中山艦事件」前一天，他還在《人民週刊》上發表了《廣東革命危機仍在呵》的文章。對於當時微妙的時局，張太雷敏銳地指出：「廣東已經統一了，反革命的軍閥大半已經劃除了，但是廣東的危機仍然是存在著呵！一般革命黨人醒醒呵！」他一針見血地提醒道：「革命的同志們，廣東的危險仍在呵！去年打倒劉楊後大家以為廣東大害已去，可以安然了，不知道暗幕一揭開，內面不知道一重一重有多少陰謀詭計！我們現在又看見這種情形了。同志們，提防著。」

「中山艦事件」後，蔣介石又提出「整理黨務案」，擔任國民黨中央部長職務的中共黨員全部被迫辭職。對此，張太雷憤慨不已，這時他已確信革命存在著危機。一九二六年三月底，張太雷以中國共產黨廣東省委員會的名義發表《給國民黨中央、國民政府、國民革命軍及廣東人民的一封公開信》，嚴正指出：「共產黨決計不因敵人的造謠而放棄他的革命工作，並且警告社會：帝國主義反革命派對於共產黨這一種的造謠是分裂國民革命的勢力，破壞國民黨，推翻國民政府，危害廣東和平的一種陰謀。」五月二十六日，他又發表《反動派在廣東之活動》一文，再次疾呼：「廣東革命基礎自國民政府成立以來從來沒有像今天這樣危險的情形。」可以說，張太雷是第一次國共合作期間少有的頭腦清醒者。

北伐軍攻克武漢後，國民革命的工作重心北移。一九二六年十一月，張太雷隨同鮑羅廷、宋慶齡等離開廣州前往武漢。此後直至「四一二」反革命政變，他方才再次銜命返粵。

廣州起義火線犧牲

一九二七年，蔣介石、汪精衛先後叛變革命，他們舉起屠刀對中共黨員與進步群眾大開殺戒。為反抗國民黨的屠殺，中共中央政治局於八月七日在漢口召開會議，決定以革命的武裝反抗反革命的武裝。會後，年僅二十九歲的張太雷被選為中共中央政治局候補委員。八月十日，中央政治局又召開常委會決定成立南方局，並決定在周恩來等未到廣東前，暫由張太雷、楊殷、黃平等三人組成臨時南方局，會議還決定張太雷赴粵的主要任務就是組織武裝起義。十一月十七日，粵桂戰爭爆發，粵系軍閥張發奎將粵軍主力調赴前線抗擊桂系進攻，廣州城內兵力因此空虛。鑒於此，中共中央決定立即組織起義，奪取廣州政權。

從八七會議到十一月初這段時間，張太雷難得有一段時間在上海與妻子共同度過。十一月十九日，張太雷邀請了周恩來、鄧穎超等人到家小聚，大家都對即將到來的戰鬥倍感興奮。張太雷充滿激情地說：「恩來，我明天就要奔赴廣州了。我相信，我們這次一定能夠成功，在廣州建立穩固的革命根據地。到時候，我們就再來一次北伐，徹底打垮國民黨新軍閥！」周恩來聞言，舉起酒杯說道：「廣州起義一旦成功，我就馬上組織上海的同志們南下，我們要集體給你慶功！」「預祝廣州起義成功！」「革命萬歲！」大家紛紛發言，共勉成功。第二天一早天還未亮，張太雷就起來收拾行李準備出發去廣州。妻子說：「時間尚早，我讓吳媽給你做點吃的。」吳媽是他們雇的女工，平日住在一起幫助照看孩子。「不用！人家忙了一天，第二天還得幹活，不要吵醒她，我自己上了船買東西吃。」妻子又說：「那我起來給你做！」張太雷走到床前，撫摸著妻子的秀髮說：「不用了！你平日裡照看幾個小孩已經很辛苦了！不過，我相信這樣的苦日子很快就會到頭了。一旦廣州起義成功，我就接你們南下，在廣州開啟我們的新生活！」聽聞此言，妻子只

得看著他的背影——高高的個子，寬寬的肩背，右手提著一隻箱子，跨著輕鬆的步子走出門去。這是一個多麼樂觀而又自信的革命者啊！可是他們誰也沒有料到，這竟是訣別。

十一月二十六日，張太雷在廣州主持召開省委常委擴大會議，會上成立了由張太雷為委員長，周文雍和黃平為委員的革命軍事委員會。此前，周文雍只是中共廣州市委委員，在這次會議上，張太雷直接提拔他為省委常委，並使其成為廣州起義革命軍事委員會委員之一。之所以如此，是因為張太雷非常有眼光，他不但發現負責工運的周文雍有著極強的組織和領導才能，更預判到周文雍領導的廣州工人赤衛隊將在起義中發揮至關重要的作用。事實證明，張太雷的決策是正確的。武裝暴動開始後，數千人之多的工人赤衛隊直接協助教導團和警衛團攻擊東山、敵公安局、各區員警署以及廣九、粵漢鐵路等據點，在天亮前即佔領了珠江北岸大部分地區和敵公安局大樓。在正式起義前一天，即十二月十日，張太雷在有教導團參加的起義官兵誓師大會上發表了振奮人心的演講，他說：「今天夜間，我們要成立蘇維埃政府，你們教導團是革命的主力，你們要勇敢地戰鬥，完成黨交給我們的任務。」張太雷話音剛落，「廣州蘇維埃萬歲！」「無產階級革命成功萬歲！」起義將士們呼聲四起。

十二月十一日凌晨起義爆發，張太雷身穿軍裝，脖繫紅領帶，帶領參加起義的教導團及警衛團一部以及工人赤衛隊五千餘人向廣州城內敵人盤據的據點發動突然襲擊。由於起義準備工作周密到位，因此，起義爆發後，起義軍很快控制了廣州大部分城區。攻佔敵人固守的重要據點公安局大樓後，革命士兵在大門前豎起廣州蘇維埃政府的紅旗。凜冽寒風中，紅旗獵獵飄揚，宣示著廣州的新生。

十二月十二日，廣州起義進入第二天。當日中午，廣州蘇維埃政府成立大會慶典在豐寧路西瓜園廣場舉行，張太雷主持大會並發表了激情

洋溢的演講，他以洪亮的聲音宣布：「同志們！廣州蘇維埃政府成立了！」全場立即響起暴風雨般的掌聲，參加大會的群眾發出雷鳴般的歡呼聲，場內場外鑼鼓聲響成一片。

廣州起義的消息令敵人萬分緊張，汪精衛、陳公博、張發奎立刻調集隊伍展開反撲。他們以優勢兵力向廣州展開攻擊，雖然起義軍英勇奮戰，但由於敵我力量對比異常懸殊，起義軍終因彈藥不濟處於劣勢地位。敵軍攻佔了起義軍的很多陣地，並向起義總指揮部展開合圍。在這危急時刻，張太雷決定親上火線指揮禦敵。一九二七年十二月十二日下午兩點多，一輛插著紅旗的敞篷汽車駛出起義軍總部向大北直街奔去，那裡槍戰正急。車上坐著共產國際代表紐曼和這次起義的主要領導人張太雷。車至惠愛西路，前面突然出現一群便衣，由於距離稍遠，難以辨別其身分。其時，車行區域尚為起義軍控制，因此缺乏經驗的司機誤以為這些人是起義群眾，遂開車徑直前行。孰料這恰恰是一支由工人中的敗類組成、代號「體育隊」的反動武裝，他們專門混在起義軍後方進行武裝破壞活動。看見汽車上坐著數人，這些便衣工賊認定其中必有起義軍頭面人物，於是一聲呼嘯，散到路邊舉槍便射。張太雷猝不及防身中三彈，重傷倒於車內，司機與警衛亦中彈身亡。共產國際代表紐曼因有軍事鬥爭經驗，一聞槍聲便匍匐車內，待槍聲稍停，遂躍出車外順利逃生。廣州起義時在軍委工作的一位領導同志後來回憶這件事時很惋惜地說：「太雷同志雖然是我們黨內有威望的領導者，是一位好同志，但他是書生出身，缺乏軍事常識，缺乏領導武裝鬥爭的經驗。就以他在十二日中午出席西瓜園工農兵代表大會之後遇難這件事來說，對警衛工作沒有注意，結果卻給敵人的冷槍打死了。」雖然張太雷的犧牲令人們至為惋惜，但他作為一介書生敢於挺身而出擔任廣州起義的最高領導，在起義形勢急轉直下時敢於親赴火線直接指揮戰鬥，無論如何，這種大無畏的革命精神是值得後人永遠學習的。臨終之際，張太雷留給同志們的最

後一句話是：「要和敵人戰鬥到底，完成黨交給的任務！」張太雷犧牲後，瞿秋白撰寫《悼張太雷同志》一文，對其革命精神給予高度評價：「他的堅決與耐苦是一般同志所知道的」，「他死時，覺著對於中國工農民眾的努力和負責；他死時，還是希望自己的鮮血，將要是中國蘇維埃革命勝利之源泉。」

張太雷犧牲時，尚不及三十歲！他為中國革命事業英勇犧牲了，但因他而起的雷聲從未暫歇。從五四運動到廣州起義，他所開展的政治活動、所寫的文章、所做的講演，特別是他領導的廣州起義，都如驚雷般震動了那個飽經憂患的國家與沉寂的人心，嚴重動搖了反動統治的基石。中國歷史上的空前巨變——廣州公社的火花，就是由他親自點燃而熊熊燒起來了。他的名字將永遠同廣州公社的光輝歷史密切聯繫，永垂不朽！

陳延年：
亂刃加身亦寧死不跪的革命家

> 一個共產黨員的犧牲，勝於千萬張傳單，如果怕死就
> 不要做共產黨。

> ——陳延年

陳延年（1898-1927），安徽安慶人，是旅歐共產主義組織——中國少年共產黨的創始人與負責人之一。一九二四年開始，先後任社會主義青年團中央駐粵特派員、中共廣東區委書記、中共江浙區委書記、中央政治局候補委員、中共江蘇省委書記。一九二七年在上海犧牲，時年二十九歲。

堅持原則的「小列寧」

陳延年出生於一個封建官僚家庭，是安慶當地的名門望族。他的父親陳獨秀年輕時就背叛了家庭，走上革命之路。因此，他的童年和少年時代主要在母親的陪伴下成長。陳延年小時候濃眉大眼，皮膚粗黑，大人們都覺得他不像一個讀書人。但實際上，他十分聰明，且讀書用功，經常想方設法借書來讀。在陳延年的家鄉，有一位滿腹經綸、對傳統文化頗有研究的讀書人，名叫汪洋；重要的是，汪洋家有很多藏書，且待人和善，這給兒時的陳延年提供了擴展視野的絕好機會。一九〇七至一

九〇八年間，安慶先後發生兩次反清革命，雖然未能成功，但革命黨人徐錫麟、熊成基的英勇故事給陳延年留下了深刻印象。從十二歲起，陳延年先後在安慶尚志小學和全皖中學讀書。安慶有座迎江寺，住持月霞和尚原係革命黨人，後遁入空門。陳延年與月霞和尚來往，聽其點評時局，暗下決心要以革命黨人為榜樣。

辛亥革命後，陳獨秀出任安徽都督府祕書長。「二次革命」失敗後，陳獨秀因反對袁世凱稱帝而遭通緝被迫流亡日本。袁世凱派倪嗣沖督皖，倪嗣沖想抓陳延年邀功，所幸陳延年事先得到消息逃到鄉下，方才躲過一劫。討袁愛國志士血灑長街，本已使陳延年痛心不已；自己又遭袁世凱爪牙追殺，更讓他氣憤難平。這段刺骨銘心的經歷，讓陳延年認識到，不推翻腐朽反動的軍閥政府，中國將永無寧日。

一九一五年，陳獨秀返國，他將陳延年接到上海讀書。一九一七年，陳獨秀就任北京大學文科學長，陳延年則繼續留在上海讀書。對不到二十歲的陳延年而言，這是一段非常艱苦的日子。父親每月寄來生活費十元，但交過學費後就所剩無幾。他只好半工半讀勉力維持。據陳延年的同鄉潘贊化回憶：陳延年曾經有一個時期居無定所，寄宿於《新青年》雜誌發行所店堂的地板上，白天在外工作謀生自給，餓了只能就著自來水吃一些餅，「冬仍衣袷，夏不張蓋，同與工人做工，故顏色憔悴，人多惜之。」對於這一段在外人看來困苦不堪的日子，陳延年卻視之為「天將降大任於斯人」之前的歷練。對陳延年這種樂觀豁達的人生態度，陳獨秀亦頗為讚賞。當有人向陳獨秀提到陳延年的「慘況」時，陳獨秀就會說：「少年人生，聽他自創前程可也！」

一九一九年五四運動爆發，陳延年對此熱烈贊成。當聞知父親在北京因散發革命傳單被捕，陳延年義憤填膺。別人問他：「形勢如此恐怖，你難道不怕危險嗎？」他憤憤而答：「既作不怕，怕則不作。」「危險乃意中事，亦分內事，志士仁人，求此機會作光榮犧牲而不可得，有

何恐怖之可言！」為尋求救國真理，一九一九年十二月下旬，陳延年乘船赴法勤工儉學。在法國，陳延年逐漸對馬克思主義有了清晰的認識，認為馬克思主義才是真正的科學。一九二二年六月，在陳延年等人的推動下，旅歐共產主義組織——中國少年共產黨正式成立，陳延年被推選為宣傳部部長。一九二三年四月，根據中共中央指示，陳延年等十二人赴蘇聯東方勞動者大學學習。雖然不懂俄語，學習上有很大困難，但陳延年一點也不氣餒，他抓緊每一分鐘時間認真學習。據他在蘇聯的同學回憶：陳延年平時說話不多，沉默寡言，對於瑣碎問題更是不置一詞。但每當同學們一起討論理論問題時，他卻一瞬間好像變了一個人似的，充滿了激情；他總是熱烈地發言，把自己的觀點看法清清楚楚地闡述出來，不隱藏一絲一毫。他常常為了弄清楚一個重要理論問題而同別人展開持久且激烈的辯論，即便爭得面紅耳赤也不介意。同學們對此甚為好奇，詢問他為何在理論爭辯時與平常判若兩人，他說：「列寧在爭論原則問題時如同猛獅，我們應該向列寧學習，在原則問題上來不得半點馬虎。」同學們欽佩不已，稱其為「小列寧」。

革命的「苦行僧」

一九二四年夏，陳延年接中央指令，結束了在法國和蘇聯四年多的留學生活回國。回國後，他被派往廣東，任中國社會主義青年團中央駐粵特派員。一九二五年春，陳延年被中共中央任命為廣東區委書記，領導廣東、廣西、福建西南部以及香港、南洋各地的黨組織。陳延年甫一就任，即著手整頓領導機構，除大力加強組織部、宣傳部等部門的力量外，又設立了工人、農民、婦女、青年運動委員會，並在黨的歷史上第一次創設了軍事委員會。包惠僧回憶這段歷史時說：「自陳延年、周恩來兩同志到達廣東工作以來，工作重新部署，黨的組織和紀律都謹嚴起

來，學生、工人、婦女、軍事及農民運動等各項工作都有了平衡的發展。」在陳延年的領導下，廣東黨員人數大幅增加，到一九二七年「四一二」反革命政變前，已有黨員九千多名，是當時全國黨員人數最多、組織機構最健全、戰鬥力最強的地方黨組織，陳延年因此被譽為廣東黨組織「開疆闢土的拖拉機」。毛澤東曾深有感觸地說：「在中國，本來各種人才都很缺乏，特別是共產黨黨內。因為共產黨成立還沒有幾年，所以人才就更缺乏。像陳延年，的確是不可多得的人才，在許多地方，我看出了他的天才。」周恩來對陳延年的工作也給予高度的評價，他說：「廣東的黨團結得很好，黨內生活也搞得好，延年在這方面的貢獻是很大的。」董必武更是不吝讚美之詞，他深情地說：「延年是黨內不可多得的政治家。」

在廣東工作期間，雖然擔任了黨內的高級領導職務，但陳延年對自己的日常生活依然堅持平常樸素的原則。那時，他每月都會按組織規定領取三十元生活費，除了交伙食費和留下必要的零用開支外，他將剩餘的錢款全數充當黨費。此外，他還常常從本就不敷使用的零用開支裡硬生生擠出一些，捐作省港罷工委員會和廣東婦女解放協會的經費。為了更好地發動工人，他常常親自到工人中間做宣傳鼓動工作。人力車夫是廣州工人隊伍中的一支重要力量，但長期沒有組織起來，其內部也存在著以省籍劃分的派系鬥爭。為解決這個問題，陳延年主動去學拉黃包車，和車夫們交朋友。他身體健壯，膚色黝黑，拉起車來有模有樣，很快就贏得了大家的信任。看到年老病弱的車夫沒有生意，他就主動幫他們拉車，賺取的車資則全數交還給他們。因此，大家親切地稱其為「老陳」，沒有人想到他會是中共廣東區委書記。一次，他專門把大家集合起來說：「我們大家都是拉車的，不應有地域之分；我們今天困苦的原因，完全是階級壓迫所造成的。只要我們能夠團結起來，就一定能夠過上幸福的生活。」人力車夫們聽了無不贊同。在陳延年的努力下，人力

車工會很快組織起來，並且在其中發展了很多黨員，此後在廣州起義中發揮了很大的作用。

在廣州，陳延年並沒有自己固定的住所。通常是忙完一天的工作，就在區委機關辦公室打地鋪睡覺。他購置了一床簡單的鋪蓋與一張帆布行軍床，平日裡放在辦公室書架頂上，晚上等同志們忙完離開，他就打開行軍床鋪上被褥休息。組織上覺得這樣始終不是個辦法，同時為了安全起見，在廣大路廣大一巷給他租了一間房子。可是不久，區委有位同志要結婚但沒有房子，陳延年就主動把住處讓出來給他們做婚房。

雖然陳延年曾留法、留蘇四年，但在不認識他的人看來，實在與國內沒留過洋的人沒什麼兩樣，一點也不像個「喝過洋墨水、吃過洋麵包」的留學生。唯一能反映出陳延年留學經歷的只有一套他從蘇聯帶回來的舊粗絨服。他把這件衣服一直帶在身邊，陪伴他度過一個又一個寒冬。他從不額外置辦衣服，始終保持著艱苦樸素的作風。有一次，他發現一位剛從廣東大學調到區委機關工作的青年黨員穿上了一套嶄新的西裝，立刻皺起了眉頭。「你的西裝哪裡來的？」陳延年有些不快地問道，這位青年黨員似乎沒有發現陳延年情緒的微妙變化，他歡快地回答：「來機關工作後，領到了生活費。作為對自己的犒賞，我就買了這套西裝。看看，漂亮嗎？」聽到這些，陳延年的眉頭不由得更加緊鎖起來，他知道，在這個敵我鬥爭異常殘酷的環境中，很多意志不堅定的人之所以最終與革命分道揚鑣，就是從追求物質享受開始的。他覺得，必須儘早掐滅這個青年黨員身上追求享受的苗頭，於是說道：「現在，革命鬥爭還很艱苦，黨的經費亦不充裕，很多同志都是為黨無私奉獻。我們在機關工作，雖有生活費可領，但這生活費來自下面的同志們一分一厘節省出來交的黨費。我們在上級機關工作的人，怎麼忍心用同志們的心血來購買這些奢侈的西裝呢？！我們是黨員，事事要以黨的利益為重，不能只講享受，要艱苦奮鬥。」

「四一二」反革命政變後，陳延年被任命為中共江浙區委書記，後又任中共江蘇省委書記。面對敵人製造的白色恐怖，他更加廢寢忘食地工作。當時，他暫住在趙世炎家裡。趙世炎深知他一工作起來就什麼都不顧，特意囑咐自己的妻子說：「陳延年同志是一個只知道工作，不知道生活的人；工作起來常常廢寢忘食，要在生活上好好照顧他。他是我們黨重要的幹部，千萬不能讓他因為太過疲累而倒下去。」趙世炎夫婦經常勸陳延年要多休息、注意身體，可他的回答總是「標準答案」：「不要緊，我能挺得住。」

絕不引頸就戮

一九二七年六月，中共中央決定成立新的江蘇省委。六月二十六日上午，江蘇省委成立大會在上海北四川路施高塔路恆豐里一○四號舉行，王若飛代表中央宣布陳延年任江蘇省委書記，並決定會議地點為省委機關駐地。會議進行期間，忽然接到報告，有一省委機關交通員被捕。王若飛立刻宣布散會，組織大家撤離。因擔心省委機關的安全，下午三時許，陳延年等江蘇省委領導同志及部分工作人員返回恆豐里探查情況，因未見異常，遂又進屋繼續研究工作。未料不過二三十分鐘，會場突然被包圍。面對突然闖入的國民黨軍警，陳延年一面組織與會同志撤退，一面拿起桌椅板凳與反動軍警搏鬥。雖然他奮力反抗，還擊傷了兩個軍警，但自己的頭被打破了，牙齒也被打落了，終因寡不敵眾而被捕。陳延年被捕後，聲稱自己名叫陳友生，是一名受雇於人的普通燒飯師傅。由於陳延年平日裡一貫保持艱苦樸素的生活作風，是黨內有名的「六不」幹部，即不照相、不看戲、不閒遊、不上飯館、不講穿著、不做私交。因此，他被捕時身穿短衣，褲腿上還紮著草繩，與一般作粗活的工人沒什麼兩樣，因此敵人也信以為真。

陳延年被捕後，黨組織立刻展開營救，通過關係找到了上海著名律師吳凱聲。當時上海灘崇洋氣氛濃厚，吳凱聲是留法博士且博士畢業後在巴黎大學進修過政治外交，加之又是經上海民眾公決推薦、唯一能在租界會審公廨出庭辯護的中國籍律師，因此，不論租界內外，吳凱聲的聲望都很大，適合在各種場合斡旋。吳凱聲素來對中共黨人頗為欽佩，因此雖然要冒一定風險，但他毅然決然地同意承接此事。他立刻派出自己律師事務所裡的全部律師以及其他工作人員，到上海各巡捕房、警察局摸查情況。終於，在閘北區警察局的預審檔案裡，查到了一份關鍵材料，內中記載一個自稱名叫陳友生的漢子，身穿短衣，皮膚粗黑，且褲腳上還紮有草繩，很像是個幹粗活的人，訴稱警察局抓錯人了，他是房東家的燒飯師傅，與警察局要抓的政治犯不搭界。吳凱聲綜合各方面資訊，很快確認這個自稱陳友生的就是陳延年，並斷定陳延年尚未暴露身分。但同時吳凱聲也瞭解到，由於面對國民黨軍警包圍時，陳延年奮起反抗，打傷了兩個軍警；因此國民黨軍警都認為陳太過兇悍，要讓他多坐一段牢房吃點苦頭，一時半會還不會放人。為求萬全，吳凱聲又委託自己的好友、上海工人第三次武裝起義後曾任人民政府委員的鄭毓秀，去和閘北區警察局長疏通關係。經此運作，吳凱聲估計要不了太長時間，閘北區警察局就會釋放陳延年。

　　但讓黨組織和吳凱聲律師沒有想到的是，還有另外一些文化界人士也正在祕密設法營救陳延年。由於這些文化界人士沒有鬥爭經驗，結果卻意外促使陳延年身分暴露。原來，陳延年被捕的消息被上海亞東圖書館經理汪孟鄒獲悉，汪與陳獨秀是世交，因此對陳延年被捕焦慮不已。於是，他找到胡適，胡適又找到吳稚暉。胡適原以為吳稚暉會看在曾與陳延年有一段師生之誼而施以援手。孰料吳稚暉獲悉陳延年被捕，竟然欣喜若狂，他連聲大呼：「好了！好了！老陳（指陳獨秀）沒有用，小陳可怕；捉到小陳，天下從此太平了。」他立刻向蔣介石報告陳延年被

捕的消息，同時又給上海警備司令楊虎去信：「如此巨憝就逮，佩賀之至。」並在報紙上發文聲稱，像陳延年這樣的共產黨分子，「恃智廢惡，過於其父百倍」，留在世上是禍水，送到醫院則是多事，既然已經受傷，不如殺之以絕後患。吳稚暉的惡言毒語，讓曾經與其交往過的人不寒而慄，大家對其無恥的告密行為嗤之以鼻，紛紛責罵其為「人面狗心」，並直呼其為「吳老狗」。

　　國民黨上海警備司令楊虎本不知陳延年被捕，得到吳稚暉的告密後，立刻對在押人犯重新審訊甄別。在敵人的嚴刑拷問下，很快，與陳延年同時被捕的中共江蘇省委祕書長兼宣傳部部長韓步先叛變投敵，並供出燒飯師傅就是陳延年。敵人立刻對陳延年展開審訊，希望從陳延年這裡打開缺口，將中共江蘇省委乃至上級機關一網打盡。在審訊室裡，一個敵人惡狠狠地說：「陳延年，現在你的身分已經暴露，你還是配合我們交代你們的組織祕密，免得自己遭受皮肉之苦！」「你們妄想！」陳延年厲聲回答道：「自從我參加革命起，就將自己的一切獻給了中國共產黨。你們休想從我這裡得到一絲想要的東西。」「給我上刑！我看你的嘴硬，還是我的皮鞭硬！」另一個敵人氣急敗壞地喊道。為了讓陳延年屈服，敵人百般折磨他，用盡了各種酷刑。陳延年被折磨得體無完膚，幾乎喪失了人形，但自始至終，他牙關緊咬未吐一言。

　　一九二七年七月四日，敵人將陳延年押赴祕密刑場。「跪下！」面對劊子手們的呼喝，陳延年昂首挺胸：「該跪下的是你們這些人民的罪人！終有一天，你們將被人民推上絞首架，接受正義的審判！」敵人沒有想到，一個即將赴死的人居然有此等氣概！幾個劊子手一擁而上，他們想合力將陳延年按倒在地。可是，他們越想按倒陳延年，陳延年卻越是反抗。當一個劊子手揮刀欲砍時，陳延年一躍而起，劊子手卻被摔倒在地。「這就是你們的力量嗎？！這不就是你們的宿命嗎？！」陳延年仰天長嘯！敵人惱羞成怒，狂呼亂叫擁上前來，再一次將陳延年按倒在

地，以亂刃加身的殘忍手段將他殺害。

陳延年犧牲後，他的親密戰友趙世炎也因叛徒出賣而遇害。一九二七年十月二十四日，中共中央發表《悼趙世炎、陳延年及其他死於國民黨劊子手的同志》一文，痛切指出：「趙世炎、陳延年二同志之死，是中國革命最大的損失之一。中國無產階級從此失去了二個勇敢有力的領袖，中國共產黨從此失去了二個忠實而努力的戰士！」一九二八年十一月，中共廣東省委在《紀念死難先烈》的特別通告中指出，陳延年等烈士「為了中國無產階級與貧苦工農的解放留血，我們要踏著他們的血跡前進」。陳延年犧牲時，年僅二十九歲。他那如流星一般短暫的人生，給世人留下了難以忘懷的記憶。他永遠活在人民的心中！

　大 國 初 心

蕭楚女：
燃燒自己追求光明的荊楚英傑

做人要像火，給人以光明，以溫暖。一個人能力有限，至少也應該像一支蠟燭，在黑暗中照耀別人。

——蕭楚女

蕭楚女（1893-1927），湖北省漢陽縣人，一九二二年加入中國共產黨。曾任廣州農民運動講習所專職教員、黃埔軍校政治教官；大革命失敗後，他以筆為武器奮起戰鬥，揭露國民黨新軍閥的罪行。一九二七年四月二十二日遇害，時年三十四歲。

富家公子的蛻變

蕭楚女，原名樹烈，他出生的時候正值秋天，當時他父親的木材生意正日漸蕭條，因此，父親給他取了一個字——秋。他的父親是湖北省漢陽縣鸚鵡洲上有名的木材商人，他的母親，是在連續生了四個女兒後才生下了蕭楚女這個唯一的兒子。因此，他一出生格外受到父母的寵愛，父親還給他起了一個吉祥的乳名「長福」。幼時的蕭楚女，父母視之為掌上明珠，衣食住行諸事莫不周全考慮悉心照顧。只要他出門，母親總要派家裡的老媽子跟隨看護，路程稍遠，就必須坐車或坐轎，怕他累著摔著。他自己在街上買小攤販的零食吃，父母就會擔驚受怕，擔心

不衛生影響健康；他和窮人家的孩子說話、玩耍，父母就擔心會不會染上窮人的「壞毛病」；秋風徐來，母親就會擔心他受寒著涼，給他穿上厚實的衣服鞋帽，包裹得嚴嚴實實。總而言之，幼時的蕭楚女完全生活在父母的寵愛之中，過著飯來張口衣來伸手的公子哥兒般的日子。他很少與外界交往，生活在父母為他營造的沒有人反對他的意見、能夠滿足他一切需要的優渥環境中。

所幸他的父親並不是一個隻知溺愛不知教養孩子的人，他雖然十分寵愛蕭楚女，事事都依著順著這個寶貝兒子，但事實上他對蕭楚女抱有極高的期望，希望他將來能夠出人頭地、傳承家業、光耀門楣。因此，他對蕭楚女的教育格外用心，管理也特別嚴格。蕭楚女在父親的教導管束下，甚少與人交往，大量的時間都用在了讀書上。除《四書》《五經》這些必讀經典外，蕭楚女也讀了許多書籍和詩文，如《三國演義》《水滸傳》《離騷》《正氣歌》等等，都給他幼小的心靈注入豐富的養分，使他「養成了一種清高、孤僻、浪漫、豪俠、嫉惡崇善的習慣」。及至成年後，談起幼時的經歷，他亦會深情地說，「父親替我栽了那一點傲岸的舊文人的所謂『氣節』之根」。但正如父親給他取的字——秋一樣，蕭楚女一家的生活不久就因天災人禍而陷於困頓，最終竟至於破產。父親因家業衰敗難以維持一大家子的生計而心力交瘁，鬱鬱而終。沒了家業，又沒了父親的照顧，蕭楚女和母親以及四個姐姐頓時陷入居無定所、衣食無著的悲慘境地。為維持生存，母親帶著大女兒、二女兒到裁縫店裡幹零活，三女兒、四女兒每天到木材碼頭撿拾樹皮木塊兒賣錢，就連蕭楚女這個昔日的公子哥兒，這時也要到漢陽的茶館做跑堂掙錢貼補家用。

這段「從萬丈高峰墜下深壑」的痛苦經歷，讓蕭楚女終生難忘。在茶館做跑堂，雖然異常辛苦，但給蕭楚女提供了認識社會、審視人生的絕好機會。漢陽是當時中國最為繁華的市閭之一，各色人等、各種思想

彙集，給蕭楚女以極大的心靈衝擊。這期間，他讀了很多的書刊、報紙，知道了很多正在發生的大事和道理，對封建道德與舊禮教的厭惡之情日益增長。有一次，他撿了幾頁舊書用作廁紙，結果被一個封建遺老知道了。這個遺老連聲說道：「怎麼可以這樣呢？怎麼可以這樣呢？這是褻瀆字紙，褻瀆聖明啊！」蕭楚女早就反感這些腐朽虛偽的教條，不屑地說：「我現在連吃飯亦成問題，哪有錢去買手紙啊！我幼時讀了很多孔聖人的書，受了很多的教誨。但孔聖人從未講過不准用有文字的紙做廁紙啊，這完全是後人的曲意歪解，既然如此，為何要將錯就錯不敢改正呢？」這個遺老被蕭楚女駁斥得瞠目結舌而不能發一言，只得悻悻而去。

稍大一些，蕭楚女又經人介紹到一家報社當報童。每天，他都要給中華大學送報。漂亮的大學校園、題目新穎的演講、名目繁多的課程，這一切，讓蕭楚女羨慕不已。每次去大學送報，他都故意放慢腳步，感受這充滿書香味的氣息；路過教室時，他又常常不由自主地停下腳步，隔著門縫與窗戶傾聽大學教授們風趣幽默的講課。對大學的一切，他是多麼嚮往，以至於經常錯過了送報的時間，於是，沒過多久，他便被報社辭退了。離開報社，他又到客輪上做雜工。客輪順長江行駛於湖北、安徽、江蘇等省的沿江城市，蕭楚女借此機會廣泛瞭解下層民眾的苦難生活，親歷了列強對中國人的肆意欺侮、封建統治者對百姓的苛刻壓榨，這讓他對腐朽社會的不滿日益滋長。

一連數年顛沛流離、為生存而苦苦掙扎的經歷，讓蕭楚女這個昔日的公子哥徹底改頭換面，他不再是那個見不得風吹雨打、敏感柔弱的富家小少爺，他已經變成一個內心懷著強烈反抗精神、能夠忍受任何磨難與挫折的堅強少年。

為革命奔走呼號

一九一一年初，蕭楚女加入武漢新軍，結識了一批資產階級革命黨人。十月，武昌起義爆發。清軍旋即大舉反撲，由於起義軍架設在龜山上的大炮陣地被敵人破壞，守城的新軍漸漸不支。危急時刻，蕭楚女冒著槍林彈雨衝上龜山，把受傷的新軍炮兵組織起來，炮轟清軍，扭轉了戰場形勢，打退了清軍。但是，由於缺乏炮兵作戰經驗，蕭楚女的一隻耳朵在戰鬥中被震聾了。

辛亥革命後，湖北革命黨人內部發生一系列爭權奪利之事，甚至發生革命黨為私利而煽動士兵自相殘殺的悲劇。這一切，使得原本對資產階級革命抱有極大期望的蕭楚女傷心至極，他被「迢迢長夜何時旦」的苦惱困擾，認為「國家事已不可為」，遂退伍考入武昌新民實業學校，想研習農學走「實業救國」的道路。但是他的注意力很快轉向政治哲學，他開始大量地閱讀，廢寢忘食，幾至癡迷。有一次，他在讀書，別人給他裝上水煙袋請他吸煙，他接了煙袋卻忘記吸，直到點煙的紙撚子燒著手指才發覺。

一九一五年開始，蕭楚女經友人介紹開始擔任《崇德報》主筆，又兼任《大漢報》編輯。他撰寫了很多抨擊專制政府、封建道德的文章，他的文筆生動潑辣，指出問題一針見血，在當時的新聞界堪謂一股清流，同事們有感於他的多才與高產，稱他為「打字機」。他的文章常以「楚女」落款，從這時起，他才正式以「蕭楚女」這個名字行世，在這之前，大家都叫他蕭秋。「楚女」者，取意於《離騷》之「忽反顧以流涕兮，哀高丘之無女」。朱熹《楚辭集注》認為此句中「女」乃「賢君」之謂。蕭楚女生於湖北，他用「楚女」作筆名，是為表達自己的殷殷救國之情。

五四運動爆發後，新文化運動蓬勃發展，馬克思主義的傳播逐漸擴

大，蕭楚女如饑似渴閱讀介紹馬克思主義的書籍報紙，思想發生了天翻地覆的變化。此前，他一直有抽煙的習慣，也有追求物質享受的思想。但對馬克思主義的學習讓他的認識有了極大改變，他不再當「家中已經沒有晚飯米」時，「對那無煙冷灶，籌劃一旦找到了職業時，怎麼樣換花緞的皮袍面子？」也不再面對菲薄的工資時，「計算只有五六元寄給我那可憐的以青年守寡撫我成人的慈母時，還要抽出二百文來，買兩盒盜牌紙煙」。一九二〇年到一九二二年初，蕭楚女先後在襄陽、宣城、蕪湖等地任教。做教員，最重要的就是提升演講能力。為了解決這個問題，蕭楚女每天一大早就帶塊鏡子跑到山上，找一個沒人的地方，把鏡子掛在樹上，對著鏡子練習講課。每一個表情、每一個手勢、每一句話，他都看著鏡子反覆練習，務求達到最好的效果。由於刻苦練習準備充分，蕭楚女上課特別受同學們歡迎，甚至常常有外校的學生慕名前來旁聽。這期間，他每到一處便傳播革命思想，發動學生反抗土豪劣紳，因此遭到反動勢力迫害，被迫離職。

一九二二年夏，蕭楚女經惲代英、林育男介紹加入中國共產黨。九十月間，蕭楚女出任重慶聯合中學國文教員。在重慶期間，他與盧作孚經常來往，並就時勢及社會問題展開討論。一次，在討論如何反抗帝國主義侵略時，盧作孚說：「現在，列強勢大而中國窮弱，我覺得不妨用微生物的精神，以慢性分解的辦法來對付它們。這樣，既可以逐漸轉弱為強，又不至於引發激變徒使國人流血。」蕭楚女聽後，不以為然：「鴉片戰爭以來，列強侵華不止，及至今日已成泰山壓頂之勢。此種局面，豈惟微生物即可解決？我以為，非用炸彈的力量，一舉將其摧毀，否則，中國人之命運將永不能得到拯救。」盧作孚聽後，沉默片刻問道：「炸彈的威力固然強大，但炸彈卻意味著犧牲與自我毀滅，又不知有幾多人願做炸彈般之自我犧牲？」「如果真有那麼一天，我即願為此炸彈，以全救國救民之夙願。」蕭楚女的回答，讓盧作孚欽佩不已。

一九二三年初，蕭楚女又到萬縣四師任教。他特別注重對學生的思想啟發。有一次，他以「我這支筆」為題讓學生寫作文。一個學生寫道：「我不指望這支筆能為我找到衣食，只要它能反映正直的人生，不虧名節，不違道以亂黑白，不屈己以悅權勢。」蕭楚女看後大為讚賞：「好！有志氣！祈望你那毛錐子進一步鼓著勇氣，挺起胸膛，把那一切害人蟲套給群眾頸項上的枷鎖，拴住群眾手腳的鐐銬，壓著人民心坎上的鐵塊，毫不容情地揭露出來，進行筆伐鞭撻。」又有一次，學生們上街演講宣傳抵制日貨，但一家名叫「萬申祥」的商行老闆王二沖唆使店員毆打學生，原因是學生的演講宣傳影響了他的日貨生意。蕭楚女得知後，立刻一面向群眾申明抵制日貨的緣由，一面帶領學生向縣長請願，要求懲處奸商。在學生及群眾的壓力下，縣長下令拘捕王二沖，責令其賠償學生損失。鬥爭的勝利，讓蕭楚女喜不自禁。欣喜之餘，他賦詩一首：「楚地一醜女，布裙適自安。效顰何賤陋，賣嬌亦羞慚；願供貧窟食，不作侯門餐。拔劍出長鋏，勇鬥制強頑。」

　　一九二三年夏，蕭楚女又來到重慶，任《新蜀報》主筆。在這裡，還發生了一件趣事。因他常以「楚女」發表署名文章，有些男讀者為其文筆折服，寫信到報社向他求婚，更有人上門要求見面。無奈，蕭楚女只好在報上登出啟事：「楚女是個年近四十的男子，臉麻、背駝、多鬚、近視，並不是未婚的女性……」。此事一時傳為笑談。

　　在《新蜀報》工作期間，蕭楚女為反對封建迷信打了一個漂亮仗。當時，有一位叫

▲ 任《新蜀報》主筆時期的蕭楚女

唐煥章的封建秀才，自稱是世界宗教大同會會長，妄稱孔子「在陳絕糧」系自行「辟穀」的修行，又把人的糞便稱為「草還丹」，愚弄百姓說吃了「草還丹」就會修道成仙。老百姓稱其為「吃屎教」。當時，正值川中軍閥混戰，重慶大軍雲集，糧食緊張。唐煥章乘機在重慶設壇傳教，聲言入教者無須吃飯且可長生，不入教者則將在八月十五日天搖地動大災之日遭受上天懲罰。一時間，重慶人心惶惶，百姓們紛紛採購儲備糧食以防天災，奸商則乘機哄抬糧價從中牟利。蕭楚女見此荒唐情形，甚為氣憤。他在《新蜀報》開闢「社會黑幕專欄」，專門揭露「吃屎教」的荒謬無道。唐煥章及其信眾非常不滿，揚言要砸報館、殺編輯。蕭楚女不為所懼，反而在唐煥章宣稱的大災之日八月十五日出版專刊，發表撻伐文章《請看「吃屎教」所談的今天》，對其嚴詞批判。恰好這一日風和日麗，於是「吃屎教」的謠言不攻自破。

　　一九二四年秋，中共中央任命蕭楚女為四川特派員，負責領導共產主義青年團的工作。十月，在蕭楚女的領導下，「四川平民學社」成立，總部設在重慶，在成都、內江、南川等地設分社。由於組織嚴密、行動有力，「每逢有什麼社會運動的時候，沒有一次不是以『四川平民學社』而負指揮領導之責的」。轟動全川的「德陽丸」事件就是蕭楚女領導四川平民學社策動、開展起來的。一九二四年十一月間，日輪「德陽丸」私運劣幣來渝，並抗拒重慶軍警檢查，將四名諜查員推入江中淹死，同時打傷多人。重慶督察處逮捕日本船主，沒收了劣幣。日本駐渝領事館得知後，顛倒黑白，反誣重慶方面破壞了所謂「領事員警權」，要求重慶方面賠禮道歉。重慶當局懾於日本的強橫，接受了日本人提出的條件，消息傳出，四川百姓群情激憤。蕭楚女立即在《新蜀報》開闢專欄揭露事實真相，並領導成立「重慶外交後援會」，提出懲凶賠款、賠禮道歉等六項條件，表示「不達目的，絕不休止」。為壯大聲勢，蕭楚女還組織了大規模的示威遊行。在群眾運動的壓力下，四川省政府被

迫接受群眾的要求，反對列強壓迫的鬥爭取得完全勝利。

　　一九二五年五月中旬，中共中央調蕭楚女前往上海協助惲代英領導團中央的工作，同時參與編輯《中國青年》。八月，團中央又派蕭楚女前往河南，協助負責中共豫陝區執行委員會的王若飛開展工作。在這裡，蕭楚女籌辦起了《中州評論》，他自任主編，同時寫了很多評論文章，對提高河南群眾的思想覺悟與鬥爭水準起了很大作用。十二月，為加強共產黨在廣州的力量，中央調蕭楚女、惲代英等來穗工作。在廣州期間，在黨組織的安排下，蕭楚女先後在國民黨中央宣傳部、農民運動講習所、黃埔軍校等處工作。

　　從辛亥革命開始，蕭楚女就開始為救國救民東奔西走；加入中國共產黨以後，他的工作更加繁忙，他一面高強度地工作，一面緊張地寫作。就連敵人的報紙也不得不形容他是「字挾風雷，聲成金石」，可以說這是對他昂揚鬥爭精神的最好寫照。

蠟燭人生亦輝煌

　　什麼樣的人生才有意義？在這樣一個苦難的舊中國，一個人到底應該為什麼而活？這是蕭楚女反覆思考的問題。長期革命鬥爭的經歷，使他對這個問題的答案日漸明晰。一九二四年，他在與友人談話時說：「人生的意義之表現，究竟要怎麼樣呢？這就莫過於諸葛亮所說的『鞠躬盡瘁、死而後已』兩句話恰當了。古今中外的偉人、哲士、賢者、英雄，哪一個不是把自身做成一支蠟燭，點起『為他』的愛之火，鞠躬盡瘁、死而後已地讓他蠟盡成灰完事？」

　　一九二六年三月，毛澤東任所長的第六屆農民運動講習所開學，蕭楚女擔任教員。由於毛澤東還兼有很多職務，事情繁多，因此蕭楚女承擔了農講所很大一部分授課任務。對此，毛澤東曾回憶說：「我是很喜

歡他的，農民運動講習所教書，主要靠他。」此外，蕭楚女還兼任中共廣東區委舉辦的幹部訓練班的教員。繁重的工作，讓他幾乎沒有休息的時間，以至於積勞成疾。一次，他在農講所上課時，突然吐血。學生們很擔心，要扶他回宿舍休息，但他堅持繼續上課，他說：「同學們勸我休息，謝謝同學們的關懷，可是我不能休息。你們到此地來，總希望多學點東西，好回去開展工作。各省的農民運動，目前正處在發展的緊要關頭，等待著你們學成回去指導。我停課一次，就要耽擱同學們的學習進程！所以，我不能休息！」說到這裡，他不由自主地又咳了起來。稍停一會，他接著說：「一個人在社會上生活，不應該僅僅是利己的，更應該是利他的。做人要像火，給人以光明，以溫暖。一個人的能力有限，但至少也應該像一支蠟燭，在黑暗中照耀別人。你們想一想，蠟燭不是燃燒了才能放光明嗎？我們要像蠟燭一樣，要在有限的一生中，有一分熱就發一分光，給人以光明，給人以溫暖，我們都要有這種精神！」同學們紛紛點頭表示贊同。看到這些，他又接著說：「一支蠟燭，如果沒有風吹，可以一直燃燒自己來照亮別人。若是遇到風吹，甚或忽然有水澆來，那它就不免要遭澆滅的厄運。但是，在熄滅之前，不管遇到什麼樣的困難，都應該努力發光，直至最後一刻。這就是我的蠟燭人生觀。」話音甫落，教室裡爆發出雷鳴般的掌聲，同學們眼裡噙著淚水，有些女同學甚至哽咽起來。

農講所的教室條件簡陋，並沒有擴音設備，但上課的學生卻有三百多人。為了讓後面的學生能夠聽清楚授課內容，蕭楚女上課時儘量提高嗓門，結果又引發咳嗽，咳出了鮮血。為了不影響上課及同學們的心情，他偷偷地把染有咳血的手帕藏在衣袋裡。同學們知道後，莫不為之感動流淚。

一九二六年三月，蔣介石策劃發動「中山艦事件」，驅逐了國民革命軍與黃埔軍校中的共產黨員。五月，中國國民黨二屆二中全會通過譚

延闓、蔣介石等人提出的排斥共產黨的《整理黨務決議案》，此後，以蔣介石為代表的國民黨右派勢力在國民黨中央佔據優勢，國共合作統一戰線逐漸走向破裂。雖然局勢日益緊迫，但蕭楚女撐著病體堅持工作。一九二七年初，由於長期高強度工作，蕭楚女終因勞累不支，入住廣州東山醫院治療。雖然身在醫院，但他的心仍然記掛著同學們的學習情況。三月二十五日，他在《黃埔日刊》登載啟事：「各同學鑒：要我回答的問題很多，我因患『胃加答兒』『支氣管炎』『神經衰弱』，醫囑勿用腦，囑我修養一月，故一時不能答覆，請諒；《黃埔日刊》尚有已答起的存稿月一二千條，仍當按日發表。蕭楚女啟。」

蔣介石發動「四一二」反革命政變後，革命形勢急劇惡化。一九二七年四月十五日，蕭楚女在廣州東山醫院被捕，關押於廣州市公安局。四月十八日，國民黨反動派設立軍政督察委員會，對羈押在廣州市公安局的政治犯進行審訊。四月二十日，是敵人審訊蕭楚女的日子。面對審訊室內的各色刑具和敵人的恐嚇，蕭楚女嗤之以鼻。敵人惱羞成怒，將他一頓暴打直至昏死過去，繼而又以冷水激醒，繼續折磨。一個軍官模樣的劊子手說：「蕭先生，如果你退出共產黨，我現在就可以放你走。否則，掉頭亦是難免的！你可要想清楚！」蕭楚女大義凜然地說：「中國共產黨人是為民族利益而奮鬥的，並時刻準備獻身於革命，革命者是殺不絕的。我自入黨的第一天起，就做好了犧牲的準備！要殺要剮，隨你們的便！」敵人見蕭楚女不可能投降，遂將其轉移至南石頭監獄，決定殺害他。

四月二十二日，南石頭監獄內外布滿荷槍實彈的士兵，蕭楚女面無懼色，高唱《國際歌》步入刑場。行刑官一臉奸笑地走到蕭楚女面前說：「蕭先生，你這根蠟燭馬上就要熄滅了。在這即將熄滅的瞬間，你願意悔改嗎？」蕭楚女怒目而向：「你們殺吧！真正的共產黨人是不怕死的，共產主義運動是鎮壓不了的。總有一天，人民會審判你們這幫狗

豺狼。」

　　蕭楚女犧牲了，但他的精神永放光芒。一九二七年六月二十五日出版的《中國青年》，對蕭楚女給予了高度評價：「誰不知道有個大麻子蕭楚女，他是青年群眾的明星，他是刻苦忠實的革命家！自從少年以至於死，他一直以革命為生命，一直在顛沛流離、貧困捕逃的情形之下。他的死，是革命青年失去了良師；他的死，是革命隊伍喪失了勇敢的戰士；他的死，使我們更加透徹認識了敵人；他的死，在每個革命者的心上剜上了傷痕！」蕭楚女是大革命期間廣大青年最欽佩的領袖之一。他筆耕不輟、奔走呼號，帶病堅持工作，自己卻過著顛沛流離的生活。他的一生，就是踐行「蠟燭人生觀」的一生。他沒有給自己留下什麼，卻留給了那個黑暗時代一個奔向光明的希望，在後人心中留下了永不熄滅的燭光。

大國初心

羅亦農：
傾心工運慷慨捐軀的黨員楷模

慷慨登車去，相期一節全。殘軀何足惜，大敵正當
前。

——羅亦農

羅亦農（1902-1928），湖南省湘潭縣人。一
九二一年冬加入中國共產黨，參與領導過五卅運
動、省港大罷工和上海工人三次武裝起義。先後
任中共中央長江局書記、臨時中央政治局常委、
中央組織局主任等職。一九二八年四月二十一日
英勇就義於上海龍華，時年二十六歲。

「羅家逆子」

羅亦農原名羅善揚，一九〇二年五月十八日出生於湖南省湘潭縣易
俗河鎮雷公塘一個富裕家庭。他的父親羅子厚當過團總，後在鎮上開商
行做米穀生意。因此，幼時的羅亦農生活在一個優裕的環境中。但和其
他富家子弟「高人一等」的做派不一樣，羅亦農從小就對貧苦的百姓抱
有深深的同情，願意和他們打成一片。父親開的商行雇了不少夥計，他
就拜夥計們為師，向他們學習勞動技能；父親提醒他少和那些渾身汗臭
的「下苦人」玩，但他絲毫不以為意。他的母親是一個虔誠的佛教徒，
常去家附近的慈航寺聽尼姑講述觀世音菩薩廣化眾生的故事。母親希望

羅亦農也能養成行善積德的品德，因此常帶他去慈航寺聽講佛經故事，這讓羅亦農更增加了對普羅大眾的同情。

　　七歲時，他和哥哥被父親送到私塾讀書。在私塾讀書期間，羅亦農表現出了迥異於其他孩子的學習能力。他記性很好，第一年就學完《三字經》《增廣賢文》《幼學》等書，第二年又學完《四書集注》，到了第三年就開始學習《文心雕龍》《喻世明言》《警世通言》等書。他善於思考，對孟子「民為貴，社稷次之，君為輕」的思想主張非常讚賞，對三綱五常等腐朽的封建道德則極度反感。他特別喜歡古書中那些不計個人得失、敢於除惡揚善的俠義人物故事，為此還在一本魏碑字帖上寫下了「剷除惡勢力」五個大字。十一歲時，父親又送他去湘潭名士郭月欽門下讀書。郭先生是一位知識淵博、思想進步，富有正義感的開明知識分子。因此，在郭先生門下讀書的幾年間，羅亦農不僅學到了許多傳統文化知識，也瞭解了很多關乎時局的新知識。在這裡，他知道了列強對華的侵略與剝削、反動政府對百姓的奴役與壓榨；在這裡，他也知道了許多民族志士為拯救國家獻出了生命，這個社會還存在著很多不公正不合理的地方。這些此前聞所未聞的資訊撲面而來，讓年少的羅亦農既詫異又傷感，他覺得自己必須去改變這個充滿壓迫與不公的舊世界。

　　有一次，羅亦農路過一片田地，看見一大群農民正頂著烈日滿頭大汗地掘井。他上前一問，才知道是因為久旱無雨，農民眼看收成無望被迫試著取水自救。羅亦農問：「你們掘這些井，能掙多少錢呢？」農民們一聽頓時笑了起來：「哪來的什麼錢！這田是唐三爺的，我們租來種，是要交租的。如果沒有收成，不但白忙活一年，還要背上一身的債呢！」「不對，道理不是這樣的！」羅亦農大聲說：「你們是租了唐三爺的地，但天旱是老天爺的事。即便收成減了或者沒有收成，那也是老天爺決定的，豈是你們農民能改變的？現在你們掘井取水，其實是為唐三爺的明年的租子出力，他付給你們工錢才對！」農民們一聽，恍然大

悟：「對，就是這個道理。現在咱們其實在救唐三爺的稻穀，就該他出錢。即便不出錢，也要把賬算起，回頭從租子裡扣除。」羅亦農一看大家都感到不公，於是乘勢喊：「大家敢不敢和我一起去找唐三爺評理？」「敢！現在就去！」農民們齊聲答道。於是一行人浩浩蕩蕩直奔唐三爺的大院，唐三爺一看農民們心齊聲壯，被迫答應了由他自己出錢掘井的要求。事情過後，唐三爺找到羅亦農的父親羅子厚，把羅亦農帶頭鬧事的事情說了，羅子厚聽後特別生氣，把羅亦農喊到跟前，將他大罵一通，不許他今後與泥腿子們攪和到一起。羅亦農在內心裡卻為教訓了唐三爺而暗自開心。不久之後發生的另一件事，更是深深地刺痛了羅子厚。當時，羅亦農鄰居家發生經濟上的困難，急需錢周轉，於是向羅子厚借了兩百元紙幣。但過了不久還錢時，羅子厚卻以紙幣貶值為由，要求對方還款兩百塊銀圓。兩家發生爭執，羅亦農直指是父親的不對；父親眼見自己的兒子卻為旁人說話，感到莫大的羞辱。更讓羅子厚沒有想到的是，羅亦農第二天寫了一副對聯貼在自家門上：「存得天良，蒙慶受福。放開眼界，創業成家。」羅子厚看到後惱羞成怒，連呼：「罪孽啊罪孽！家門不幸，出了如此逆子！」鄉鄰們卻覺得羅亦農小小年紀就能主持公道，將來一定會很有出息。

一九一六年，羅亦農進入一所名為「益智」的教會學校讀書。這所學校在教學中經常宣揚基督教義，而且禁絕學生與社會聯繫，羅亦農對此十分不滿。袁世凱稱帝後，各界群起反對，討袁軍也來到湘潭；羅亦農得知後，立刻組織學生進行勞軍活動，結果卻受到校方的責罰。經歷此事，羅亦農覺得洋人辦的學校終究不可能為中國培養救國救民的人才，洋人在中國辦學說到底是培養一些「二鬼子」為其服務，因此於一九一七年毅然退學返家。

一九一八年，為追求進步學習先進思想，羅亦農數次前往長沙找尋入學機會。其時正值全國範圍的軍閥混戰，湖南作為軍閥重點爭奪地

區，戰事頻發，社會動盪不已。當時佔據湖南的軍閥張敬堯停撥各校經費，嚴禁招收新生；因此羅亦農雖多方努力爭取，最終還是未能入學。然而，在長沙的遭遇，不但沒有阻止羅亦農求學的念頭，反而更激發了他去外面世界闖蕩的動力。為了拴住羅亦農，不使其在所謂的歪路上越走越遠，他的父親強迫他和一個謝姓姑娘結婚，企圖以「溫柔鄉」與「羅紗帳」困住他。但這個計謀終究還是失敗了。婚後僅四個月，羅亦農便在一天夜裡悄悄逃離家庭，奔赴他嚮往已久的上海。

為工農鬥爭

一九一九年，羅亦農來到上海。他先在一所中學讀書，後由於父親拒絕資助，被迫輟學到一家報館當校對員。也正是在這裡，他大量閱讀《新青年》《勞動界》等雜誌，形成了對馬克思主義的初步認識。一九二〇年八月，羅亦農與劉少奇等一起加入社會主義青年團。在這段時間裡，他進一步學習馬克思主義基本理論知識和俄文，並決定赴蘇學習。一九二一年春節前，羅亦農回到家鄉籌措赴蘇路費。這時，他的父親羅子厚因經營不善瀕臨破產，但認為「留洋」是一件光宗耀祖的事，就給了他一百塊銀圓。他的岳父與親友亦為之籌款，最後籌足四百塊銀圓的赴蘇路費。離家返滬前，羅亦農想到自己即將遠赴莫斯科，而母親年事已高，眼睛不好且行走不便，於是專門去附近的山嶺上，精心挑選了一根茶樹枝，製成拐杖送給母親，以

▲ 羅亦農（左二）在蘇聯期間與任弼時（左一）、張國燾（左四）、劉仁靜（左五）合影

慰母子思念之情。但他沒想到，這竟是自己與母親、與家鄉的訣別，由於革命鬥爭的繁忙，他後來再也沒有回到過家鄉。回到上海後，羅亦農與一批志同道合的青年乘船經日本轉道符拉迪沃斯托克，最後到達莫斯科，進入莫斯科東方勞動大學學習。由於勤奮好學，羅亦農被推選為東方勞動大學「中國班」負責人，並在一九二一年冬天正式加入中國共產黨。

一九二五年三月，羅亦農回國。事實上，從這時起，他才開始使用「羅亦農」這個名字。他原名羅善揚，當初到上海求學時改名羅覺，意即接觸真理覺醒之意。從蘇聯學習回國後，正式改名亦農，取既為工人服務亦為農民服務之意。他說：「我是從農民中來的，應該到農民群眾中去，為農民群眾服務。」回國後的羅亦農，由於在莫斯科接受了專門訓練，因此擅長宣傳鼓動，一開口便滔滔不絕，同志們贈其雅號「大口」。他的兒子羅西北曾回憶，每逢集會，羅亦農便登臺演講，「工友們，農友們」，激情如沸，聽眾深受感染。因為言辭犀利和戰鬥性強，羅亦農的演說很受工農群眾的歡迎。回國後不久，他就參加了廣東省第一次農民代表大會，以農民國際代表身分在會上發言，並寫成《五一紀念與農民》等文章在《嚮導》上發表。

一九二七年二月下旬，中央決定舉行上海工人第三次武裝起義，並組織了特別委員會，指定周恩來、羅亦農、趙世炎等八人為委員。三月二十一日凌晨，上海總工會發布總同盟罷工令。上海市民代表會議隨即舉行緊急會議，會上羅亦農代表中共江浙區委，宣布於當天中午十二時舉行全市總同盟罷工，並立即舉行武裝起義。據羅亦農夫人李哲時同志回憶，羅亦農曾高興地對她說：「命令發出後不到兩小時，我和祕書乘汽車到全市兜了一圈兒，看到八十萬工人全都罷工了，妙不可言，哈哈。」可惜盛況難再現，但從「哈哈」二字，即可想見這是一幅多麼令人心潮澎湃的場景啊！在周恩來、羅亦農等人的堅強領導下，英勇的上

海工人第三次武裝起義經過了三十個小時的激戰終於勝利了，羅亦農被選為上海市臨時政府委員。在慶祝起義成功的大會上，羅亦農發表了熱情洋溢的演講：「現在的上海，再不是帝國主義、北洋軍閥的上海，也不是無聊政客、右派們的上海，是我們自己的上海，是工人階級的上海了！」振奮人心的話語，贏得了工人們長時間的歡呼與掌聲！

　　但很快，蔣介石背叛了革命。「四一二」反革命政變後，部分同志情緒低落，對革命的前途產生了疑惑。上海的同志們在泥城橋旅館開會，有八十多人參加。面對大家稍顯低落的情緒，羅亦農專門做了談話。他說：「你們看，國民黨那麼狠，但他們沒有把我們殺光嘛！他殺得光我們嗎？共產黨人越殺越多，就像割韭菜一樣，越割越多。你們看，我們今天不是又在這裡開七八十人的大會嗎？」一番慷慨激昂充滿信心的講話，又把大家的幹勁鼓了起來。

　　一九二七年五月至九月，他先後出任中共江西省委書記、中共湖北省委書記。在此期間，他廢寢忘食地工作，給同志們留下了深刻印象。他平易近人、純真樸實的工作作風，更令同志們欽佩。有一次，時任江西省委書記的羅亦農前往九江檢查工作，順道去登廬山。因為山路陡峭，行走一段後頗感疲累，同行的一位同志提議：「天氣炎熱，我們還是坐轎子吧，這樣步行登山實在太累了。」羅亦農當即表示反對，一臉嚴肅地說：「坐轎子，坐在勞苦大眾的肩膀上，這種事我是絕對不會幹的。讓老百姓抬著我們走，我們心裡會舒服嗎？讓老百姓抬著我們走，我們還是為勞苦大眾謀福利的共產黨員嗎？我是堅決不坐轎子的。」身邊的同志們聽他這樣講，紛紛表態：「革命者不怕山高路遠，更不能坐到勞苦大眾的肩上。咱們還是步行登山，不僅可以鍛鍊體力，更可激發意志。」羅亦農看大家思想統一了，又接著說：「我小時候家境富裕，別人都喊我少爺，我卻很反感地對他說『少爺就是豬』。豬知道什麼，就知道叫人伺候。咱們共產黨人幹革命，為的是解放窮苦大眾，給他們

謀解放求幸福，而不是當主子讓人伺候的。」羅亦農這番話有情有理，大家聽後莫不心悅誠服。

　　一九二七年八月，中共中央在漢口召開政治局緊急會議，即八七會議。在會上，羅亦農和大多數同志一起，堅決反對黨內對國民黨右派的右傾錯誤政策，主張用革命的、武裝的手段反對國民黨反動派的屠殺政策。與羅亦農十分熟悉的早期共產黨人鄭超麟曾回憶道：「羅亦農聰明、能幹，遇事能夠抓住要害，大刀闊斧辦去，沒有書生氣。我把他看作實行家，開會只說事實，只談行動。」由於羅亦農具有常人難以企及的工作能力，因此在會上他被選為中共中央臨時政治局委員。不久，又被選為中共中央臨時政治局常委，先後擔任中共中央軍事部代部長、中共中央長江局書記、中共中央組織局主任等職，負責領導湖北、湖南、江西、四川、安徽、陝西等省的工農革命與黨的工作，成為黨的重要領導人之一。一九二七年底，羅亦農根據中央安排離開武漢，前往上海中共中央機關工作。

捐軀全節

　　一九二八年二月，黨中央派羅亦農巡視湖南、湖北兩省農民運動開展情況。羅亦農冒著風險，親自到一些縣、市做最基本的調查，收集了豐富詳實的第一手材料。後來，這些材料在中央制定全國範圍鬥爭方略時，發揮了重要的參考作用。四月初，羅亦農巡視完畢回到上海。他顧不上旅程勞頓需要休息，立刻又投入緊張的工作中。然而不幸很快降臨，羅亦農被捕了。

　　一九二八年四月十五日，是羅亦農被捕的日子；而在他被捕前，剛剛與鄧小平談完工作。對此，鄧小平曾回憶說這是他在上海從事祕密工作時遇到最大的兩次危險之一。當日上午，經組織安排，時任中共中央

祕書長的鄧小平與羅亦農接頭，「辦完事，剛從後門出去，前門巡捕就進來，羅亦農被捕。」情形之危急，前後相差不過幾分鐘。羅亦農被捕後，周恩來立刻與中央特科的同志商討如何展開營救，最後決定在敵人將羅亦農從租界巡捕房押向淞滬警備司令部的半路上設伏劫車。羅亦農夫人李文宜（原名李哲時）後來回憶說：「當時計劃買口棺材，偽裝送葬，在棺材裡暗藏槍支，讓我披麻戴孝，作為死者的家屬，隨偽裝送葬隊伍的工人，走在棺材後面。等到囚車經過時，猝不及防地從棺材中取出武器，把亦農搶下來。」然而，由於敵人臨時改變了時間，營救計劃功虧一簣。羅亦農被捕，敵人欣喜萬分。被捕第二日，敵人在許多報紙刊登消息，聲稱「首要已擒，共禍可熄」。四月十八日，羅亦農被敵人轉送至淞滬警備司令部。警備司令錢大鈞一面布置手下抓緊審訊，一面電告蔣介石相關審訊情形。但連審三日，羅亦農依然堅貞不屈，蔣介石獲悉後回電「就地處決」，遂於四月二十一日被槍殺。羅亦農犧牲時，年僅二十六歲，是中國共產黨歷史上第一位犧牲的中央政治局常委。次日出版的《申報》在描述羅亦農犧牲一幕時寫道：這位共產黨的領袖「身穿直貢呢馬褂，灰色嗶嘰長袍，衣冠甚為整齊」，雖將受極刑，「態度仍極從容，並書遺囑一紙」，即著名的《絕命書》。內中寫道：

> 慷慨登車去，相期一節全。
> 殘軀何足惜，大敵正當前。
> 知止窮張儉，遲行笑褚淵。
> 從茲分手別，對視莫潸然。

這是羅亦農寫給同志們的絕命詩，也是給自己的告白書。這首詩讀來令人蕩氣迴腸、感慨不已。詩中所言，既是他為信仰勇敢獻身的真實寫照，也體現了他視死如歸的革命情懷。此外，他還給妻子留下遺書一

封，上書：「哲時，永別了，靈其有知將永遠擁抱你，學我之所學，以慰我。」表達了希望妻子繼承他的革命意志，永遠堅持鬥爭下去的殷切期望。

羅亦農遇害，震驚了中共中央。周恩來命令中央特科立刻展開調查，務必查出叛徒。中央特科經過艱苦工作，很快找到了一條重要線索。羅亦農被捕前，曾有一個既會講德語又會說英語的時髦女性，主動找到巡捕房政治部，聲稱只要巡捕房答應送她出國且支付五萬元美金，並替她保守祕密，她就會把手中掌握的包括共產黨要員在內的三百五十多人名單交出來，並且可以提供這些人的具體位址。為了證明自己所言不虛，她首先便提供羅亦農的地址，羅亦農隨即被捕。經過查證，很快證實這個女人就是住在羅亦農樓下的革命投機分子賀稚華。賀稚華和她丈夫何家興清楚知道每日來樓上辦公的人是羅亦農，是「共產黨的重要人物」。周恩來一聲令下，鋤奸行動啟幕。中央特科行動隊以假意舉行的一場喜事為掩護，在一陣鞭炮聲中將這兩個叛徒擊斃。一九二八年四月二十六日出版的《新聞報》記載了這一過程：「上午七時許，其家所雇乳媼吳劉氏因賀氏夫婦業將起床，正並坐床上閱報，乃手提水壺開門出外，往附近老虎灶買水。迨乳媼買水歸來，則見有四人已經入門，穿本國裝者三人直奔樓上，西裝者一人禁止其行動，初尚以為遇盜不敢聲張，維時只聞該屋後門忽大放鞭炮無數。無幾何時，三人下樓，偕另一西裝者出門揚長而去，吳劉氏驚魂甫定，遂上樓觀看，見何家興及其妻均已倒臥於血泊之中。」事後證明，何家興被當場擊斃，賀稚華雖身中數槍，但僥倖逃得一命。叛徒被懲處，羅亦農的英靈終於可以得到一絲告慰。這次行動，也極大地震懾了叛徒。羅亦農同志犧牲一個多月後的一九二八年五月三十日，黨中央在《布爾什維克》雜誌上以頭版頭條的形式發表專文悼念。文章的題目是《悼羅亦農同志》，內中寫道：「亦農同志被害了，中國無產階級失去了一位最熱烈的領袖，中國共產黨失

去了一位最英勇的戰士。羅亦農同志熱烈的革命精神，可為中國共產黨全黨黨員的楷模。反動派吳稚暉等提起羅亦農三字為之齒寒。他的死是莫大的損失！」作為中國共產黨早期的重要領導人之一、傑出的無產階級革命家、著名的工人運動領袖，羅亦農的一生雖然短暫，但他的英名永載中國共產黨和中國革命的史冊！

向警予：
中國婦女解放運動的先驅

人都應該珍惜自己的生命，然而到了不能珍惜的時
候，只有勇敢地犧牲自己。人總是要死的，但要死得
慷慷慨慨。

——向警予

向警予（1895-1928），原名向俊賢，筆名振
宇，土家族，湖南漵浦人。一九二二年入黨，她
是中共第一個女中央委員，曾任黨中央婦女部第
一任部長，起草了許多婦女運動重要指導文件，
撰寫了大量論述婦女運動的文章，培養了大批婦
女工作幹部，是中國婦女運動的先驅。一九二八
年五月一日，由於叛徒的出賣而被捕犧牲，時年
三十三歲。

拒婚離家

一八九五年九月四日，向警予出生於湖南省漵浦縣城關鎮一個商人
家庭。她的父親向瑞林是漵浦縣最大的商行老闆，曾任縣商會會長。她
在家中排行老九，他的幾個哥哥曾留學日本，因此自幼受哥哥們的影
響，渴望追求新知識。向警予六歲時進私塾讀書，特別喜歡聽「花木蘭
替父從軍」的故事，也喜愛聽哥哥們講法國大革命時期著名的政治家羅
蘭夫人的故事。向警予以她們為榜樣，立志要幹出「驚天動地的事

業」。她常常說：「將來我如做不出大事業，我要把自己粉碎起來，燒成灰！」八歲時，她進入大哥向先鉞在縣城開辦的新式小學讀書，開漵浦縣女子讀書之先河。在她大哥所辦的新式學校裡，向警予努力學習品學兼優，是「最聳人聽聞的第一名」。優異的成績，使此時的向警予萌生偉大的抱負，立下做「天下第一偉人」的宏願。

　　一九〇七年，向警予的大哥向先鉞自日本早稻田大學法制經濟科留學歸國，在常德師範學堂教書；於是，向警予在母親的陪伴下也來到常德讀書。向先鉞思想進步，是同盟會湘西負責人之一。在大哥的影響下，向警予開始大量閱讀《民報》《新民叢報》等進步報刊，接受了新思想的她開始反對纏足，宣導女性也要受教育，主張男女平等。一九〇九年，向警予進入常德第一女子師範學校讀書。由於她讀書用功，成績在同學們中間卓然超群。據向警予當時的校友、丁玲母親蔣勝眉回憶，向警予的學問道德，可為全校之冠。一九一一年春，向警予與蔣勝眉、許友蓮等女師同學結拜為七姊妹，誓詞曰：「姊妹七人，誓同心願，振奮女子志氣，勵志讀書，男女平等，圖強獲勝，以達到教育救國之目的。」丁玲曾在《向警予烈士給我的影響》一文中這樣評價向警予對她母親的影響：「她像一縷光、一團火引導著、溫暖著我母親。」「我經常想到她，願意以她，以一個偉大的革命的女性為榜樣而策勵自己，我是崇敬她的，永遠，永遠！」一九一四年五月十二日，民國時期教育家楊昌濟前往常德女子師範考察，他在《達化齋日記》中記載了對向警予的印象：「至第一女子師範學校，赴其成績展覽會。見本班二年生向俊賢之日記頗有抱負，時痛亡母，性情亦厚。且時及王陽明之緒論，亦曾研究蒙特瑣里之訓練談，可謂女教育界中之人才。」

　　一九一四年秋，思想進步的常德第一女子師範學校校長朱劍凡被反動當局免職，新任校長是思想腐朽的清朝遺老。向警予憤然退學，轉入朱劍凡私人設立的周南女校，並正式將原名向俊賢改為向警予，以示對

反動勢力時刻警醒之意。周南女校在近代中國婦女運動史上具有極高的地位，被譽為「女革命家的搖籃」。在這裡讀書的兩年，向警予每日黎明即起，除了抓緊時間學習知識外，還與二十幾位同學一道練習拳術強健身體，以備今後改造社會之需。朱劍凡常說：「中國四萬萬人，有二萬萬婦女。中國要富強起來，就要使二萬萬婦女認字、就業。」向警予對此深以為然。一九一六年春，向警予懷抱「教育救國」的理想，回到漵浦縣，任縣立女校校長。當時，漵浦縣立女校幾近停辦。原因是，一則民風閉塞，很多家庭不願送女孩子去讀書；二則辦學艱難，沒有經費來源。為了改變這種局面，向警予跋山涉水，登門入室，逐家逐戶勸導家長將女孩子送到學校讀書。為解決經費短缺的問題，她說服父親將家中一處田園捐出，又帶領學生開辦縫紉班和刺繡班，通過勤工儉學補貼辦學開支，慢慢地，入讀學生從寥寥數人發展至三百餘人。一九一六年十一月，漵浦縣立女校正式開學，在開學典禮上，向警予向學生大聲疾呼：「為讀書而讀書，為嫁一個如意郎君而讀書，不是我們讀書的目的，我們讀書的目的是要做個獨立的新女性，做個自主的新國民。」她還為女校創作校歌：「我們姊妹一堂，相愛相親。看，現在已是男女平等，天然淘汰，觸目驚心！願同學們做好準備，為我女界呵，大放光明。」

　　一九一八年底，駐漵浦的湘西鎮守副使兼第五區司令周則范，派人到向家說媒，要娶向警予做小老婆。這時，向警予的生母已經去世，她的繼母阿權附勢，極力攛掇向警予應允這門親事。向警予對此極為反感，她不畏強權親至周府，聲言「以身許國，終身不婚」，當面拒絕了周則范的求婚。這件事在漵浦鬧得沸沸揚揚，人人都在議論向家的女兒居然拒絕了鎮守副使的求婚，周則范則感覺受了羞辱，想報復向警予。為了擺脫周則范的糾纏，同時減輕此事給家庭造成的壓力，向警予決定離開漵浦，到省城長沙去開始新的生活。

投身於婦女解放運動

一九一九年夏，向警予到了長沙，與毛澤東、蔡和森結識。過了不久，她又參加了新民學會。在新民學會的推動下，向警予發起成立了「周南女子留法勤工儉學會」「湖南女子留法勤工儉學會」，號召湖南女子赴法勤工儉學。湖南女子赴法勤工儉學運動是中國婦女解放運動中的重要事件，經由赴法勤工儉學，向警予從一個民主主義者成長為馬克思主義者，成為中國婦女運動的傑出領袖。

一九一九年冬，向警予與蔡暢及蔡母葛健豪離開長沙前往上海，為赴法做準備。但是，遠赴法國需要一筆不小的旅費，這對她們而言是一個頗為棘手的難題。最後，由葛健豪從她的親戚、曾任上海商會會長的曾國藩外孫聶雲台處借得銀洋六百塊，方才解此難題。在赴法的郵船「央脫來蓬」號上，向警予與一同赴法的蔡和森相愛了，共同的志向，遠大的抱負，讓兩個年輕人墜入愛河。四個月後，向警予和蔡和森在蒙達尼的一間平板房裡舉行了簡樸的婚禮。婚禮上，他們兩人手捧《資本論》並肩而坐，拍下了極具紀念意義的結婚照；並在好友們的祝福聲中朗誦了他們兩人戀愛中的詩作集《向上同盟》。大家都被這既富有理想又充滿浪漫色彩的婚禮打動了，於是，轉而稱他們為革命而結合的婚姻為「向蔡同盟」。毛澤東獲悉後，立即興奮地去信祝賀，表示將以「向蔡同盟」為學習的榜樣。一九二○年十二月二十九日，向警予給父親寫信稱：「和森是九兒真正所愛的人，志趣沒有一點不同。這畫片上的兩小也

▲ 向警予與蔡和森

合他與我的意。我同他是一千九百廿年產生的新人，又可叫作廿世紀的小孩子。」可見，向警予對這段婚姻的喜悅之情洋溢於字裡行間。但是向警予的繼母則頗為不屑地說：「現成的『將軍夫人』不做，卻去找個磨豆腐的，真沒出息！」向警予聽說後淡然一笑：「和森現在雖然在豆腐廠做工、磨豆腐，但這只是我們鍛鍊自己的手段。總有一天，我們要回來將這黑暗陰晦的舊中國，磨出光明鮮豔的樣子來。」

到達法國後，向警予白天在橡膠廠、紡織廠做工，晚上在巴黎蒙達尼女子公學補習法文，數月後基本掌握了法語，能夠閱讀法文版的《共產黨宣言》。蔡暢曾說：「在十六個同時赴法的女子中，向警予比任何一個都優秀得多。」但是，學習的辛苦、工作的勞累，讓她「煎傷太過」，幾乎「不能支持」。即便如此，她仍然認為自己努力不夠，認為自己在追趕形勢方面尚有差距。她給尚在國內的毛澤東的信中寫道：「此後駕飛艇以追之，猶恐不及；而精力有限，更不足以靨予之所欲，奈何？計唯努力求之耳，數年後或有以報同志。」

一九二二年初，向警予回到上海，隨即加入中國共產黨。在中國共產黨第二次全國代表大會上，當選為中央委員和婦女部長。此後，向警予全身心投入為無產階級爭取解放的鬥爭中。她不知疲倦地接待來自各地的婦女運動積極分子，指導、幫助她們開展工作。曾參與創辦《婦女聲》和平民女校、中共一大代表李達的夫人王會悟回憶說：「一九二二年冬天，我聽李達同志告訴我有一個女同志叫向警予從法國留學回來了。我很高興，那時我正苦於沒有一個女同志來領導我們的工作，我對向警予同志抱有極大的希望。那時在我的想像中向警予一定是一個非常闊氣住在高樓大廈裡的了不起的人物。可是當我替黨中央送一包東西給向警予同志時，是在一個很狹小空氣很不好設備很簡陋的閣子樓找到了她。她穿著一身很樸素的衣衫。正在給她剛生下來的小孩子調水和拾掇小孩用的墊布。我呆呆地看著她，她也微笑著看著我。過了好久，她才

說：『你來了，很好。聽說你搞《婦女聲》、平民女校搞得很不錯呢！』當時我看她一點也沒有留學生的派頭，她是一個非常可親可敬、樸素而又老練的同志。我要她不要住這種蹩腳的房子，要她到我家去住，或者我給她找一個好點的房子。她笑了，她說：『好房子我也可以找得到，不過我不願意去住，我願意住這種『蹩腳』的房子。』接著她就拉著我的手親切地說：『我們都是知識分子出身的人，都要很好地鍛煉，都要懂得工人和勞苦大眾的生活，只有這樣我們才能和他們打成一片，為他們服務。』聽了她的話，我非常感動，覺得自己的小資產階級情緒還很深厚，真有點難為情。這是最初我與向警予同志見面時的情形。向警予與蔡和森這對夫婦，真是兩個好同志，他們的艱苦樸素給我的印象特別深刻。」中國早期婦女運動的領導、張太雷的夫人王一知也曾受到向警予的啟發。她在《紀念向警予同志》一文中寫道：「向警予同志使我知道了男女不平等和社會不平等的根源。我的心地豁然開朗了，我由此貪婪地閱讀馬克思、列寧的著作，因而找到了真理，信仰了共產主義，決心獻身於革命，參加了中國共產黨。」這是向警予過得最充實最開心的一段日子，她忘我地工作，幾乎連回家看看的時間都沒有。

直到一九二二年十月中旬的時候，向警予才抽出時間回漵浦探望父親與家人。一九二三年一月一日，向警予離別家人從漵浦去長沙。一月六日，得知二哥在她離家第二天病故的噩耗後，她給父親寫了一封家信：「兒此次遠行，在常人眼光看來，本屬不近人情，蓋居家未滿三月又值二哥性命危篤之際，唉！我這樣匆匆究竟為什麼？造真學問儲真能力，這不是對國家對雙親對兄弟對自身的唯一光明唯一希望嗎？唉！我為這唯一光明唯一希望而不孝不友之事竟親犯之，如無建樹，捫心何以自安？願我茲愛之雙親，對兒多加訓迪，兒亦格外奮發兢兢業業，以圖成功於萬一耳。」

一九二四年，向警予來到上海。六月，她參與發動上海十四家絲廠

一萬餘名女工舉行大罷工；九月，又領導了南洋煙廠七千名工人大罷工。一九二五年「五卅」運動爆發後，向警予組織廣大女工積極參與；省港大罷工爆發後，向警予通過各種方式發動各界婦女會給予支持。繁忙而又緊張的鬥爭，讓向警予為革命而奉獻一切的信念愈發執著，她在日記中寫道：「只有為革命死，一點淚一點血都應該為我們的紅旗流。」

「中國無產階級永遠的愛人」

一九二七年七月，汪精衛公開叛變革命，在「寧可錯殺千人，不可漏網一人」的反動口號下，武漢三鎮陷入白色恐怖中。面對空前嚴峻的鬥爭局面，向警予毫不畏懼，堅持工作。不久，向警予被調入湖北省委工作，負責主編湖北省委地下黨刊《長江》。為更好地開展工作，向警予扮作家庭婦女，租住在漢口法租界三德里九十六號的小樓上。在她的領導下，這份報紙在逆境中持續發聲，揭露敵人的醜惡面目。群眾也紛紛傳言：「共產黨還在武漢，還在領導我們戰鬥！」過了一段時間，湖北省委主要負責人羅亦農同志因事調離，向警予成為省委實際負責人。這時，敵人對共產黨的搜捕與鎮壓更趨嚴厲，向警予隨時都有被捕的可能。考慮到環境惡劣和向警予的安全，同志們勸她轉移到外地去，可她早已將生死置之度外。她說：「人總是要死的，但要死得其所，死得光明正大，現在正是體現一個共產黨員堅強黨性的關鍵時刻。現在，敵人是暫時佔了上風，但越是大風大浪的時刻，我們越是要沉著鎮定！武漢三鎮是我們黨的重要據點，許多重要的負責同志犧牲了，我一旦離開，黨的組織就會癱瘓，《長江》就會停刊，就會失去我們的聲音。工人們就會失望，就會以為中國共產黨失敗了。這是對敵人的示弱，我決不能離開！」

在這段危險的日子裡，向警予時而化身成普通女工，時而化身為小學教員，冒著危險奔波在武漢三鎮，鼓勵大家堅定信心、堅持鬥爭。當時，敵人大肆抓捕共產黨人，法租界裡亦常有特務出沒。在向警予身邊工作的陳恆喬見形勢緊張，建議她說：「最近特務頻繁出沒，比前一陣子更厲害了。我們不妨暫時停止出版《長江》，避一避風頭。」向警予聽後，沉著地說：「現在，國民黨反動派對我們展開大屠殺，革命已經轉入低潮。周恩來、葉挺、朱德等同志領導的八一南昌起義也失敗了。敵人正在彈冠相慶，而群眾情緒低落。因此，現在更有必要出版共產黨的地下刊物，讓大家知道我們還在戰鬥！」

　　但厄運最終還是降臨了！一九二八年三月二十日，由於中共湖北省委地下交通員、叛徒宋若林的告密，向警予在漢口法租界被捕。面對法國領事陸公德的審問，向警予神情自若，她用流利的法語質問他：「領事先生，這裡是中國的土地，你們有什麼權力來審問一個中國革命者？我也曾赴法留學，對法國大革命極為推崇。你們法國人不是鼓吹自由、平等、博愛嗎？不是宣揚信仰自由嗎？為何你們現在要拘捕一個追求自由平等博愛的革命者呢？」向警予的慷慨陳詞，讓陸公德不禁對這位女共產黨人產生敬意。於是，當國民黨要求引渡向警予時，他以政治犯應受保護為由拒絕引渡。然而，在國民黨當局的運作下，法國殖民當局很快撤換了陸公德的領事職務並將向警予交給武漢衛戍司令部，關押在軍法處監獄。抓住向警予，敵人大喜過望，他們急電南京國民黨中央：「數月來破獲共產黨機關多處，其中最顯著者為三德里九十六號之共黨機關報《長江》及其主筆兼共黨宣傳科長向警予。」

　　敵人抓住向警予後，接連進行了三次審訊，妄圖從她的口中獲知中共湖北省委的祕密。面對敵人的酷刑折磨，向警予的革命意志沒有絲毫動搖，她時而背誦《共產黨宣言》，時而吟唱《國際歌》。她的無畏、沉著深深地感染了監獄裡面的其他難友。她給難友們講馬克思、列寧的

故事，講自己參加革命鬥爭的故事，向難友宣傳革命真理，鼓勵他們堅持鬥爭。敵人徒勞無獲，威脅要殺害她。面對敵人的威脅，向警予斬釘截鐵地說：「不要多講廢話，要殺就殺！革命者不會在你們屠刀下求生的。等著吧，你們的末日，就在明天。」

　　五月一日，是行刑的日子。向警予穿著一件綠色的旗袍，頭上紮著羊角小辮，在與難友揮手道別後，她闊步走向刑場。一路上，她高唱《國際歌》，大呼「打倒國民黨！」「中國共產黨萬歲！」敵人驚恐萬分，他們想阻止向警予講話，但反而更激發了向警予的反抗，她向沿途的群眾演講起來：「我是中國共產黨黨員向警予，為解放工農勞動大眾，革命鬥爭，流血犧牲！無產階級團結起來，打倒帝國主義！打倒蔣介石！中國獨立解放萬歲！蘇維埃中國萬歲！中國共產黨萬歲！」敵人氣急敗壞，他們殘忍地往向警予的嘴裡塞石頭，還用皮帶縛住她的雙頰。鮮血從向警予的嘴角不斷流出，路邊的群眾見此慘景，無不傷心地流下眼淚。但向警予高昂起她的頭顱，用堅定的眼神告訴大家：「革命沒有失敗，勝利就在明天！」敵人將罪惡的子彈射向她，向警予犧牲了！

　　向警予犧牲時，蔡和森正在莫斯科參加中共六大。得知向警予英勇就義的消息，蔡和森心如刀割，奮筆疾書：「偉大的警予，英勇的警予，你沒有死，你永遠沒有死！你不是和森個人的愛人，你是中國無產階級永遠的愛人！年年今日——『五一』，不僅武漢的而且全中國的工農群眾都要紀念你臨死的號召，並來完成你的號召——武裝暴動建立工農兵蘇維埃啊！」向警予的犧牲震驚全國，著名詩人柳亞子賦詩悼念：「雄詞慷慨湘江向，情話纏綿浙水楊。長痛漢皋埋碧血，難從海國問紅妝。」一九三九年在延安召開的紀念三八婦女節大會上，毛澤東高度評價了向警予這位中國婦女運動的先驅，他說：「要學習大革命時代犧牲了的模範婦女領袖、女共產黨員向警予，她為婦女解放、為勞動大眾解

放、為共產主義事業奮鬥了一生。」周恩來也十分懷念向警予，他說：「向警予是我黨第一個女中央委員、第一任婦女部長，英勇犧牲了，我們不要忘記她。」向警予將她短暫的一生投入婦女解放運動中，為中國婦女運動做出了巨大貢獻，留下了不可磨滅的功績，她的英勇事蹟、崇高精神永載史冊，永遠給人們以教育和鼓舞。

夏明翰：
鐵骨錚錚的書生革命家

> 我一生無遺憾，認定了共產主義這個為人類翻身解放
> 造幸福的真理，就刀山敢上，火海敢闖，甘願拋頭
> 顱，灑熱血。
>
> ——夏明翰

夏明翰（1900-1928），字桂根，湖南衡陽人。生於湖北秭歸，湘南學生聯合會領導人，一九二一年加入中國共產黨。先後任中共長沙地委執委書記、中共湖南省委委員、全國農民協會祕書長等職，為秋收起義做出過重要貢獻。一九二八年三月二十日犧牲，時年二十八歲。

官紳家庭的叛逆者

夏明翰出生於舊時代一個官紳家庭。他的祖父夏時濟中過舉人，後又考中進士，曾任職清政府戶部主事，做過江西和江蘇督銷局及兩江營務處總辦。他的父親夏紹范是清政府誥授資政大夫，曾任署理歸州知州，官至三品。在傳統中國人的眼中，夏明翰是一個地地道道的官紳子弟，他的人生路應該和祖父、父親一樣去讀書、做官，光宗耀祖是他人生永恆且不變的追求。可誰能想到，就是這樣一個出生於官紳家庭的孩子，日後竟成為名震寰宇、為勞苦大眾奔走呼號，並不惜獻出生命的革

命先驅。

少年時代的夏明翰，跟隨祖父、父母在湖北及江西等地生活，直到十二歲時，才舉家遷回衡陽。祖父夏時濟膝下兒孫環繞，僅包括夏明翰在內的孫輩就有十餘人。但夏時濟格外疼愛聰慧可愛的夏明翰，時常將其抱坐於膝上，親自教授知識。可以說，他在夏明翰身上寄託著太多的希望，他期望夏明翰能夠繼承家門傳統，做官入仕光耀門楣。但夏明翰卻讓這個傳統官紳家庭的掌門人失望了。他不喜歡祖父頭上那被洋人譏笑為「豬尾巴」的長辮子，他不喜歡「子曰」「詩云」，他更不喜歡家裡等級森嚴的人際關係。他從來不以「夏家少爺」自居，對力所能及的事情常常親力親為。例如，夏家子弟晚飯後通常集中於廳堂讀書寫字，別的子弟常常將寫錯字的紙張拋棄於地，等待家裡女傭來收拾；而夏明翰則是自備竹簍收裝廢紙，從來不認為應當由女傭來收拾，在他幼小的心靈中，人與人是平等的，每個人都該對自己的事情負起責來，而不是依賴、支使他人。他又曾幫助家裡的僕人去挑水，然而卻被祖父責罵。祖父認為夏明翰應該做他的正事如讀唐詩，而不應該壞了「主貴僕賤」的規矩。夏明翰卻說：「祖父要我背唐詩，我看他就沒有讀懂唐詩。唐詩中有兩句『誰知盤中餐，粒粒皆辛苦』，他天天只知喝茶、用水，哪知道挑水也不容易呢！」夏家僕人中有個老轎夫，年輕時就在夏家做工，待到年老力衰時卻被夏明翰的祖父辭退了。這個為夏家辛苦一生終身未婚的可憐人，不久便死掉了。這件事讓夏明翰久久不能平復內心的憤懣。

一九一六年，夏明翰進入位於衡陽的湖南省立第三甲等工業學校學習。這是一個列強橫行於中國大地，而華夏民族瀕於滅亡的悲慘時代。有識之士奮起反抗，但也有很多人喪失民族自信，甘被列強奴役而不自省。夏明翰就讀的第三甲等工業學校的校長即是一個媚態十足的洋奴。他公開向同學們宣揚：「上帝是你們頭上的星，腳上的燈。做人要忍

耐，不要造反。」對於校長崇洋媚外的言行，夏明翰深惡痛絕。一天，他趁校長課間休息離開教室的空隙，很快地在黑板上寫了一副對聯：「洋衣洋帽洋襪子，頭髮也有洋氣；賣國賣民賣祖宗，江山也快賣完。」橫批是「ABCD」。校長發現後怒不可遏，他把夏明翰喊到辦公室厲聲斥責：「你的膽子也太大了吧，誰指使你這樣做的？」「上帝。」夏明翰不慌不忙地回答。校長一瞬間突然愣了一下，但他馬上回過神來，破口大罵：「你胡說！」夏明翰依舊不緊不慢地說：「校長，做人要忍耐，這是你常教導我們的啊！」這件事很快傳遍了衡陽城，大家都知道了夏家有一位叛逆勁十足的少爺。

對於夏明翰的種種「不合常規」的思想與舉動，他的祖父夏時濟看在眼裡、急在心頭，他實在難以想像照此趨勢發展下去，夏明翰會變成什麼樣子，夏家將來又會變成什麼樣子。他決定竭盡全力將夏明翰拉回「正軌」，但未及實施，又一件事徹底將他們的關係撕裂。一九一八年十月的一天，正在第三甲等工業學校讀書的夏明翰放學回家，只見寬大氣派的大門口張燈結綵，家裡的僕人們有說有笑，好似過節一般熱鬧。夏明翰問：「發生了什麼事？家裡這麼熱鬧！」一個僕人回答：「少爺，您進去就知道啦！老太爺正高興呢！」納悶間，夏明翰步入廳堂，一眼就瞥見正壁上新掛著一幅橫條書法，上書「德蓋衡嶽譽滿湘南」八個大字，條書上款題「時濟公雅正」，落款題「蓬萊秀才子玉學書」。「子玉？！不就是北洋大軍閥吳佩孚嘛！」夏明翰心裡暗暗思忖道。他知道此人，原山東蓬萊人，清末秀才出身，後科舉不順委身於軍營發達於行伍，好附庸風雅，喜題詩贈字，有些追名逐利之徒投其所好譽其為「儒將」。他率北洋軍攻佔衡陽後，所部士兵燒殺搶掠，衡陽百姓早已怨聲載道，無不欲得而誅之。吳佩孚為了平息民怨穩定地方，進而將衡陽變成自己的地盤，就採取了籠絡地方上頭面人物的手段。由於夏明翰祖父夏時濟乃前清遺老、衡陽官紳代表人物，所以吳佩孚專程登門拜訪並書

贈條幅以示親近。對於吳佩孚的主動登門拜望，夏時濟喜出望外竟至老淚縱橫。為表達感謝之意，夏時濟對吳佩孚的到來赤膊相迎，以示「坦坦誠誠」；並將吳佩孚贈字視若珍寶，安排僕人將字幅精心裝裱，高懸正廳。

但這一幅在夏時濟看來恩寵有加的題字，在夏明翰眼中卻是虛偽不堪。此時的夏明翰，正在組織衡陽學生反對吳佩孚屯兵於此，又豈容軍閥之字玷污自己的家門。氣急之下，他將吳佩孚的贈字一把扯下撕爛。夏時濟本來打算給自己最疼愛的孫兒講講自己與吳大帥的風雅之交，卻見夏明翰居然將字幅撕毀，氣得大叫：「你怎敢如此，你不知道這是吳大帥的墨寶嗎？！」夏明翰鎮定地回答：「大帥？！殺人不眨眼的軍閥也配稱大帥這個名號嗎？！您與他交往，就不怕自毀清譽嗎？！」夏時濟愣住了。夏明翰又說：「您是百姓信賴、學林共仰的士紳領袖，吳佩孚不過一舞刀弄槍的酸腐秀才，他屯兵衡陽，壞事幹盡，人人唾棄。我們夏家乃學士門庭，錚錚鐵骨，豈能拜倒於草莽軍閥的刀槍之下。」夏明翰一番話，有理有據，深明大義，夏時濟默然無語，無以對之。是夜，夏明翰又畫了一幅譏諷吳佩孚的漫畫，並題詩一首配之：「眼大善觀風察色，嘴闊會吹牛拍馬，手長能多撈名利，身矮好屈膝磕頭。」翌日，示之與眾，觀者莫不拊掌大笑，為夏明翰的機敏叫絕。

一九一九年五四運動爆發，為維護國權，夏明翰帶頭發起查禁日貨的鬥爭。他組織學生到處宣揚抵制日貨，更乘祖父不在家時將其隱藏在夾牆中的大量日貨全部搬出焚毀。祖父氣憤不過，將夏明翰關在一間房子裡不許他出門。夏明翰決意離開這封建的牢籠，他讓弟弟幫忙找來一把斧子，破窗而出。臨行前，他又將家裡後院那棵被祖父視為象徵著家運興旺官運亨通的桂樹砍倒。經過此事，夏明翰與他的祖父包括封建的家庭徹底決裂。從此，他全身心投入轟轟烈烈的民族自救運動中，成為一名職業革命家。

艱難困苦鬥爭不輟

　　一九二〇年五月，夏明翰離開衡陽到達長沙。由於已與封建家庭決裂，他變得身無分文，吃飯幾乎都成了問題。但他對這些毫不介意，心裡想的念的始終唯「革命」二字。在何叔衡、易禮容的幫助下，他參與了很多進步活動，並在湖南自修大學學習期間經毛澤東介紹加入中國共產黨。謝覺哉對這一時期的夏明翰曾有生動描述：「他一個人俯著頭在階沿上，似乎好幾個月沒有理髮，像一堆亂草掩蔽了頭臉。我驚問：這是誰？朋友告訴我：他叫夏明翰。我疑其為人粗豪難近，不久認識了，與所想相反，他是一個無疾言，無遽色，從不顯示其所能的人。」

　　一九二二年至一九二五年間，夏明翰先後參加了聲援華實紗廠工人罷工、反對湖南軍閥趙恆惕等群眾運動，領導了長沙人力車工人罷工鬥爭，組織了反抗日本水兵槍殺中國工人的示威遊行，指導了家鄉衡陽的農民運動。在緊張繁忙的革命鬥爭過程中，夏明翰也收穫了愛情。一九二六年十月十日，夏明翰與湘繡女工鄭家鈞結為連理。他們的婚房異常簡樸，一床、一桌、數條凳，就是他們全部的家當了。但在夏明翰看來，這些都不算什麼，也不重要。革命者的愛情，從來都是遠離銅臭味的。唯一能夠體現出這是一間新婚洞房的裝飾是他們掛在帳簾上的對聯：「世上唯有家鈞好，天下只有明翰強。」

　　一九二七年二月，夏明翰應毛澤東之邀赴武漢，任全國農民協會祕書長，同時兼任毛澤東和農民運動講習所的祕書。他的工作安排總是滿滿當當，既要在農講所授課，又要到中央陸軍軍事政治學校武漢分校講學，片刻閒暇也沒有。夏明翰優秀的品質與優良的作風給當時曾與他一起工作的著名歷史學家周谷城留下深刻印象：「我很喜歡和他一起談學問，談革命道理，談人情世故。他沒有習氣，習氣就是朽氣、俗氣，他絲毫沒有習氣，平易近人，直率誠懇，沒有臭架子。那時有的人加入了

革命隊伍，自以為是先進人物，開口閉口都離不開革命詞句，裝出一副革命進步的樣子。我頂喜歡和他一起談天、共事。不久，寧漢分裂，蔣介石封鎖長江，他沒有害怕，堅持鬥爭。」

一九二七年「四一二」反革命政變發生後，國民黨對中國共產黨舉起了屠刀，革命力量受到很大損失，很多地方的中共基層黨組織與革命鬥爭陷於停滯。在此緊要關頭，為了儘快恢復被破壞的黨組織並重新打開局面，急需派遣立場堅定、可靠得力的幹部到鬥爭最艱苦、環境最危險的地方去工作。作為中共湖南省委領導，夏明翰以身作則帶頭示範，首先選派自己的親兄弟去開展這項帶有極大危險的工作。他的五弟、共產黨員夏明震是廣州農講所第一期畢業生，夏明翰派他到耒陽擔任縣委書記。夏明震到耒陽後，一面努力恢復組織，一面建立農民游擊隊轉戰於湘南，然終因敵我力量懸殊戰鬥失敗。夏明震被俘後拒不投降，兇狠的敵人將其活埋，其時，夏明震年僅二十歲。他的七弟、共產黨員夏明霹，在學生時代就表現出強烈的革命決心，夏明翰派他回衡陽江東岸組織農民起義。然而由於叛徒出賣，夏明霹被捕。敵人看他年僅十八歲，遂用盡各種手段威脅利誘；敵人向他允諾，只要寫下自首書，即釋放他，並送他繼續上學。但夏明霹志堅如鐵不為所動，敵人惱羞成怒，在衡陽縣演武坪將其殺害。

眼看著自己的親人加同志接連不斷被國民黨反動派殺害，夏明翰悲痛萬分，他奮筆疾書：「越殺越膽大，殺絕也不怕。不斬蔣賊頭，何以謝天下！」鬥爭環境的險惡，讓夏明翰更加珍重與妻子鄭家鈞的革命情誼。他買了一顆小紅珠送給妻子，並且附言：「我贈紅珠如贈心，希望君心似我心。」同為革命者的鄭家鈞，對此感動不已，她將這顆象徵他們純潔愛情與堅貞革命志向的紅珠，用線牢牢地縫在衣角裡永世珍藏。這一時期，在緊張的戰鬥中，夏明翰的女兒出生了。看著天真無邪的女兒，夏明翰既高興又惋惜。高興的是自己有了可愛的女兒，有了革命事

業繼承人；惋惜的是，女兒一生下來就生活在黑暗的舊社會、嚴酷的鬥爭環境中。他給女兒起名「夏赤雲」，身邊的同志們問這個名字是否有什麼寓意，夏明翰自豪地說：「反動派說我們赤化，我就是希望我們子子孫孫都赤化。不但赤化中國，更要赤化全世界！」

　　一九二七年九月九日，秋收起義爆發。為配合毛澤東在井岡山的鬥爭，中共湖南省委決定以平江、瀏陽為中心組織暴動。這一光榮且艱巨的任務落在了夏明翰的肩上。欲舉行暴動，首先必須解決槍支問題。當時，夏明翰領導的瀏陽農民革命武裝只有一把槍，而北聖倉團防局有四十多把槍，敵我力量對比嚴重失衡。如果倉促舉行暴動，除了使革命隊伍遭受損失，不會有任何結果。因此，夏明翰決定「智取」團防局，奪其槍支為我所用。他先是派人摸清團防局的活動規律，派出精幹小分隊分頭出擊，以零敲碎打的方式相機奪取獨行團丁的槍支。待奪槍行動初見成效，革命武裝已有一定實力後，他又親自帶人重點跟蹤團防局的一個排長，並乘機將其俘獲。之後，利用獲得的口供，將團防局剩下的團丁一網打盡。在夏明翰英明果斷的指揮下，瀏陽暴動隊順利建立起來，有力地配合了井岡山的革命鬥爭。老革命家謝覺哉對此曾評論道：「不數月，黨的組織大量發展，革命武裝及工農組織空前壯大；國民黨的武裝及偽政權，偏促於縣城彈丸之地，不敢出城門一步。這些成績，毛簡青、夏明翰之力也！」

身陷大獄遺詩明志

　　一九二八年初，中共中央調派夏明翰赴鄂，參加湖北省委領導工作。到達武漢後，夏明翰立刻與中共湖北省委書記郭亮接上頭，快速進入工作狀態。是年除夕，夏明翰與黨中央派來的李維漢在其法租界的旅館住處暢談革命理想及鬥爭計劃，對革命前途充滿了信心。次日早，李

維漢去找郭亮商談工作，當他返回旅館時得知國民黨武漢衛戍司令部在他離開時曾派人來詢問住客情況。李維漢敏銳地察覺到，自己已經暴露了。他立刻通知夏明翰，讓其從暫住的湖南商號撤離。形勢緊迫，夏明翰馬上從湖南商號搬移至東方旅社，並與徐特立取得聯繫，得知自己的交通員宋若林叛變投敵的消息。於是，他立刻返回東方旅社，準備再次轉移。但恰在此時，叛徒宋若林帶著敵人趕到，夏明翰被捕了。

夏明翰被捕後，敵人企圖誘降他。他們對夏明翰說：「觀乎古今中外，但凡智者皆因時而動，乘勢而變。古人云：『識時務者為俊傑！』。當今之世，形勢有利於國民黨，而不利於共產黨。憑著你的才華，加之家族的名望，何愁撈不到一個廳長省長的官職當一當！你年紀輕輕，上有老母，下有妻兒，就這樣為看不見前途的共產主義拋棄家人徑趨死地，也未免太過可惜！」夏明翰不為所動，正色而答：「我參加共產黨，為的是拯救百姓於水火，為的是勞苦大眾之幸福。為此，我隨時準備犧牲自己的性命，無所顧惜！」敵人一看誘降不成，便假惺惺地遞給他紙筆，說只要寫下自首書聲明脫黨，便可釋放他。夏明翰對敵人的伎倆心知肚明，他接過紙筆，稍加思索便寫下了一首詩：

> 一車只裝一斤（斬），
> 好個草帽將軍（蔣）；
> 兩個小孩相助（示），
> 又來三個大人（眾）。

敵人起初不懂何意，過了好一會才反應過來。敵人見夏明翰如此決絕，遂很快判處他死刑。從被捕到遇害的短短兩天裡，夏明翰一面要遭受敵人的酷刑折磨並與之鬥爭，一面抓緊時機用僅有的半截鉛筆分別給母親、妻子與大姐寫下遺書。

在給母親的遺書中，他寫道：「尊敬的媽媽，你用慈母的心撫育了我的童年，你用優秀古詩詞開拓了我的心田。爺爺罵我、關我，反動派又將我百般折磨。親愛的媽媽，你和他們從來是格格不入的。你只教兒為民除害、為國除奸。在我和弟弟妹妹投身革命的關鍵時刻，你給了我們精神上的關心，物質上的支持。親愛的媽媽，別難過，別嗚咽，別讓子規啼血蒙了眼，莫用淚水送兒別人間。兒女不見媽媽兩鬢白，但相信你會看到我們舉過的紅旗飄揚在祖國的藍天！」

在給妻子的遺書中，他寫道：「親愛的夫人鈞，同志們曾說過，世上唯有家鈞好，今日裡我才覺得你是巾幗賢妻。我一生無怨無淚無私念，你切莫悲悲泣泣淚漣漣。張眼望，這人世，幾家夫妻偕老有百年？拋頭顱，灑熱血，明翰早已視等閒。『各取所需』終有日，革命事業代代傳。紅珠留作相思念，赤雲孤苦望成全。堅持革命繼吾志，誓將真理傳人寰！」

在給大姐的遺書中，他寫道：「大姐為我坐監牢，外甥為我受株連，我們沒有罪，我們要鬥爭！人該怎麼做，路該怎麼走，要有正確的答案。我一生無遺憾，認定了共產主義這個為人類翻身造幸福的真理，就刀山敢上，火海敢闖，甘願拋頭顱，灑熱血。」

在給妻子的遺書上，夏明翰特意留下了一個帶有血跡的吻印。這是一個風華正茂的青年對知心愛人的最後道別，這是一個英勇的革命者對同志伴侶的殷切寄望。一九二八年三月二十日清晨，敵人將夏明翰押至漢口余記里刑場。當劊子手問他還有什麼遺言時，夏明翰要過紙筆，一氣呵成寫就氣壯山河的就義詩：

▲ 夏明翰與妻子鄭家鈞在武漢合影

砍頭不要緊，只要主義真。

殺了夏明翰，還有後來人！

夏明翰犧牲了！日月為之變色，山河為之鳴咽！夏明翰，一個大義凜然、永遠不曾低下高貴頭顱的共產黨人。他的一生，就是感天動地、草木為之動容的壯麗詩篇。他雖然生於官宦之家，卻矢志追求真理，利誘不能亂其心，淫威不能動其志。他雖然犧牲了，卻為後人立起一座不朽的豐碑，揚起一面鮮紅的旗幟！壯哉斯人！

周文雍：
把刑場槍聲當作結婚禮炮的英勇鬥士

這刑場就是我們結婚的殿堂，讓反動派的槍聲作為我們結婚的禮炮吧！

——周文雍

周文雍（1905-1928），廣東開平人，一九二五年加入中國共產黨。曾參加省港大罷工和廣州起義，歷任廣州工人代表大會特別委員會主席、廣州工人赤衛總隊總指揮、廣州蘇維埃政府人民勞動委員、中共廣東省委工人部長。大革命失敗後，和中共兩廣區委婦女委員陳鐵軍在廣州建立黨的祕密聯絡機關，對外假稱夫妻。一九二八年一月二十七日，周文雍和陳鐵軍同時被捕；二月六日，被敵人殺害，時年二十三歲。

追尋真理

周文雍，乳名光宏，一九〇五年八月出生於廣東省開平縣一個私塾教師家庭。他的父親周俸成曾經讀過幾年書，在那個幾乎遍地文盲的舊時代，儼然是一位地道的知識分子，因此被聘在開平縣茅岡的一所私塾任教。周文雍七歲時，就跟隨父親到私塾讀書。父親有時給他講《三國

演義》《水滸傳》《楊家將》的故事，他時常聽得入神，以至於手舞足蹈比劃起來，惹得周圍人哈哈大笑；他非常喜歡聽岳飛、文天祥等民族英雄的故事，聽到英雄被奸臣暗害的緊要處，竟忍不住涕淚橫流。這些歷史上的愛國故事深深地影響了兒時的周文雍，他立志要做一個有骨氣的人，做一個對國家、對民族有益的人。辛亥革命成功以後，傳統的私塾教育日漸沒落，社會上開始興辦新學。儘管家境艱難，但父親為了讓周文雍有一個好的前程，堅持送他到新式學堂讀書。於是，周文雍到橫石鄉小學就讀。

橫石鄉與周文雍家所在的茅岡之間，橫亙有一條大江，兩地距離也比較遠，但這並不能給好學上進的周文雍造成阻礙。他每天都是一大早起床，來不及吃早飯就帶著乾糧在路上邊走邊吃。雖然他的住處離校較遠，但他從來沒有遲到過，學習成績總是名列前茅。而且，他在學習上總是多學多問，只用了兩年時間就學完了初小四年的課程。這時，他的家庭出現經濟危機，周文雍被迫輟學半年多。但校長不忍見這樣一個好苗子就此枯萎，決定免除他的學費，並讓他在學校伙房幫工，借此再解決他的食宿問題。於是，周文雍又回到了學校繼續讀書。他更加珍惜這來之不易的求學機會，也更加努力學習以報答校長的栽培。功夫不負有心人，雖然曾停學半年多，但他仍然獲得了高小畢業考試的全校第一名。

一九二二年，周文雍前往廣州，考入廣東省立甲種工業學校機械科。在這裡，他讀到了《共產主義ABC》《階級鬥爭淺說》以及《嚮導》等書刊，這些他之前聞所未聞的知識讓他的思想發生了如同洶湧的潮水撞擊岩石般的震動。這些書中的思想、理論，讓周文雍為之癡迷、折服，他如饑似渴、廢寢忘食地閱讀，徜徉在革命思想的海洋中。他逐漸認識到，自己遭遇的一切、自己家庭遭遇的一切、廣大貧苦百姓遭遇的一切，都是腐朽的制度與黑暗的社會所造成；他逐漸明白，要改變這些

千百年來存在的不合理制度，讓人人平等、人人成為社會的主人，就必須推翻這黑暗的社會。因此，他很快就加入了「紅色甲工」的革命風潮中。

　　一九二三年五月，周文雍加入社會主義青年團。一九二四年春，因為在「紅色甲工」運動中表現出來的鬥爭魄力，周文雍被同學們推選為校學生會主席，並當選為廣州學生聯合會文書部副主任。一九二五年，周文雍正式加入中國共產黨。在「甲工」讀書期間，他還領導了著名的反對黑幕選舉的鬥爭。一九二五年夏，廣州市舉行市長選舉活動，百姓們希望選舉出代表民眾利益、公道正派的市長，而反動政客、官僚及大資本家則希望選出他們中意的人。他們利用手中掌握的政治、經濟資源，在社會上廣為拉票、賄選，使市長選舉蒙上了厚厚的黑幕。「甲工」的校長蕭冠英就是一個頑固的官僚，他利用手中的權力，強令學生給他們內定的候選人投票。周文雍對此非常不滿，他聯繫校內的進步學生，分頭給同學們做工作，號召大家抵制黑幕選舉。蕭冠英對此火冒三丈，想伺機尋釁，但苦於沒有合理的藉口與機會。一次，蕭冠英召集全校學生在操場集會，大放厥詞：「同學們，這次市長選舉，我給大家推薦的候選人，是商紳各界反覆醞釀公認的人選。可是，我們的學生中有個別人如周文雍，對候選人肆意攻擊污蔑，大家千萬不要受他的蠱惑。」說罷，蕭冠英還以輕蔑的眼神看向周文雍。他以為在這樣的場合，周文雍是萬萬不敢造次的。但讓他沒想到的是，他話音剛落，周文雍即大步邁上訓話臺，向同學們高聲問道：「親愛的同學們，我們大多數人都是農工的子弟，商紳推選出的候選人能不能代表我們的利益呢？」「不能！」同學們立刻回答。「既然不能，為什麼要強迫我們做出違心的選擇呢？」周文雍大義凜然地看向蕭冠英問道，又接著說：「校長先生，學校是教育人的地方，是教人追求自由民主的地方。如果校方果真要強迫同學們違心投票，那我們這所學校還是一個真正的學校嗎？」這時，臺下的同

學們紛紛喊道：「拒絕黑幕選舉！我們要真選舉！我們要真投票！」周文雍見同學們情緒高昂，乘勢對蕭冠英說：「請校長現在就把選票發給我們，讓同學們現場自主投票！」蕭冠英被徹底激怒了，但看到形勢不妙，只得隨便搪塞幾句就溜走了。

這樣的事在「甲工」歷史上從未發生過，蕭冠英為此惱羞成怒，他務必要把周文雍趕出學校。於是，暑假過後，他便以周文雍「參加社會活動過多，曠課嚴重，無心向學」為藉口，開除了周文雍的學籍。但對周文雍而言，離開「甲工」，又給他開啟了新的鬥爭歷程。

激流勇進

一九二五年八月，國民黨左派領袖廖仲愷被暗殺。按照黨的指示，周文雍立即在廣東大學禮堂組織集會，譴責國民黨右派的卑劣行徑。一九二六年夏，周文雍擔任共青團廣州地委書記，積極組織青年工人與學生支援北伐。一九二七年「四一二」反革命政變後，周文雍也被敵人通緝，但他依然堅持鬥爭。當時，廣州處在嚴重的白色恐怖之下，黨、工會的工作都被迫轉入地下。按照組織決定，周文雍臨危受命擔任新成立的廣州市委組織部部長，並接替被敵人殘忍扔進珠江白鵝潭而犧牲的劉爾崧，出任廣州工人代表大會主席，領導同志們繼續戰鬥。吸收大革命失敗的教訓，周文雍特別注意建立革命的武裝力量，在他的主導下成立「市委保衛隊」，對民憤極大的反動派和工賊以及叛徒給予狠狠打擊。

這時，為更好地開展工作。中共廣東省委派陳鐵軍來協助周文雍。陳鐵軍也是廣東人，一九二六年夏加入中國共產黨，是一名鬥爭經驗豐富的革命女將，先後任中山大學中共支部委員、廣東婦女解放協會執行委員會委員兼祕書長、省港大罷工勞動婦女學校教務主任等職。組織上考慮當時鬥爭形勢嚴峻，單身的男性極易被特務重點盯梢，於是安排陳

鐵軍與周文雍假扮夫妻，互相配合一起開展工作。

　　一九二七年十一月一日，周文雍按照中共廣東省委的指示，組織二千五百餘名工人，前往東山葵園汪精衛公館請願要求釋放政治犯、恢復工人工作、恢復工會活動、禁止軍警隨意逮捕工人等，並要求汪精衛當面回答。汪精衛懼怕工人運動，不敢露面，只派出祕書敷衍了事。周文雍則乘機揭露汪精衛的真實面目，指出其所標榜的「民主、自由」均為一文不值的遮羞布。汪精衛避而不出，周文雍帶領隊伍繼續遊行示威。但周文雍預感到敵人絕不會善罷甘休，他們一定會舉起屠刀來鎮壓遊行的工人。於是，他安排將年老體弱的工人和女工逐漸解散，自己帶著剩下的青壯年工人繼續遊行。不出周文雍所料，此時的汪精衛正在緊鑼密鼓調集軍警，在東皋大道口，遊行隊伍被反動軍警包圍，手無寸鐵的工人們被肆意毆打，包括周文雍在內的三十餘名工人被敵人逮捕，關押於廣州市公安局監獄。

　　當時，中共中央指示廣東省委準備組織發動廣州起義。周文雍作為廣州起義的主要組織者被捕，對起義的準備工作造成很大影響。廣東省委成立由陳鐵軍等人組成的營救小組，決定不惜一切代價營救周文雍。陳鐵軍首先安排人和監獄看守搭上關係，從側面獲知周文雍被捕後遭到酷刑拷打、傷勢嚴重。同志們得知後，群情激憤，紛紛要求武裝劫獄。但考慮到敵人的監獄高牆戒備森嚴，陳鐵軍認為強攻只能帶來不必要的犧牲，她決定智取。首先，她安排人將生薑炒飯、辣椒排骨等易致燥熱的飯食送進監獄，偷偷地拿給周文雍吃，同時叮囑他不能飲水，如此就可逐漸造成身體持續發熱的「高燒」症狀。果不其然，幾天後，周文雍發起「高燒」來。這時，獄中的難友們乘機組織騷動，高喊：「他患了傷寒，再不就醫，就會死亡，我們也會被傳染！」「反對虐待囚犯！」要求將周文雍送醫治療。監獄長看到犯人們搞起獄中鬥爭不勝惶恐，又看到周文雍「高燒」嚴重，遂批准送醫。

敵人雖將周文雍送到廣州市公立醫院就醫，但同時又在醫院大門口加派崗哨，布置員警十餘人分兩班執勤，嚴格監管。陳鐵軍決定，立刻展開營救。她先安排一輛卸掉牌照的小汽車停在醫院大門口，又安排行動小組乘執勤員警交接班警備鬆懈時，突然出擊將敵人全數繳械。然後，營救小組迅速衝進醫院，「用白布被單把周文雍包裹著，飛快地背出大門」，坐上小汽車，絕塵而去。翌日，廣州和香港的報紙紛紛以頭版頭條的形式報導此事：「無牌小汽車，劫走共黨周文雍」。一時，共產黨英勇機智「劫」走周文雍的傳奇故事，傳遍廣州大街小巷，人們無不為共產黨人大智大勇的行為讚歎不已。營救周文雍是大革命失敗後廣州對敵鬥爭中精彩的一頁，同志們為之歡欣鼓舞，敵人則為之唉聲歎氣。

周文雍脫險後，顧不上身上的傷痛，又立刻投入廣州起義的準備工作中。一九二七年十二月十一日，廣州起義爆發。周文雍帶領工人赤衛隊直撲敵廣州市公安局，擊潰反動公安局長朱暉日帶領的員警部隊，繳槍三千餘枝。他在一幅紅布上大書「廣州蘇維埃政府」七個大字，橫掛於廣州市公安局的門樓之上，宣告廣州蘇維埃政府成立。敵人很快調集重兵反擊，面對敵人的優勢兵力，十二月十三日，起義軍總指揮部命令撤出廣州。周文雍率部堅守廣州蘇維埃政府所在地──敵廣州市公安局，直至下午三時，彈盡援絕方才撤出戰鬥。

刑場上的婚禮

廣州起義失敗後，周文雍和參加起義的一些同志撤退到香港。為了恢復廣州黨的工作，同時開展新的鬥爭，廣東省委決定派周文雍重返廣州。同時，考慮到陳鐵軍有較豐富的地下工作經驗，之前與周文雍一起開展工作取得不少成績，遂決定陳鐵軍亦重返廣州，與周文雍一起重建

黨的機關。

一九二八年初，在空前嚴重的白色恐怖下，周文雍、陳鐵軍分別扮作「金山闊少」「金山少奶奶」返回廣州，在拱日路租了一間洋房，作為棲身之所。雖然當時的形勢非常危險，到處有特務出沒，但周文雍依仗豐富的鬥爭經驗很快便把黨組織的聯絡網建立起來。在他的安排下，陳鐵軍時而扮成闊太，與周文雍一起出入於茶樓戲院，以打牌為掩護，給同志們安排工作任務；時而又化身為女傭，借著買菜的機會將黨的文件傳送給各個聯絡點。

不幸的是，危險很快降臨。一九二八年春節後的正月初五，由於叛徒告密，敵人直撲拱日路周文雍、陳鐵軍住處。當時，周文雍外出開展工作，家中只有陳鐵軍與一個扮作女傭的工作人員。周文雍與陳鐵軍曾約定，如果突遇敵人來家搜捕，在家的那一個人就要及時在窗臺上擺出花盆作為「危險信號」，提醒另外一方不可貿然回家。可惜，由於敵人這一次有叛徒指引，所以行動甚為迅速；陳鐵軍發現時，敵人已至樓下。陳鐵軍立刻幫助身邊的工作人員從涼臺爬入樓上鄰居家避險，等她再想去擺出「危險信號」時，敵人已破門而入。陳鐵軍被捕了，敵人料想周文雍不知危險，必將返回，遂在房內死守。果不其然，周文雍完成工作回家時，並未發覺異常，孰料一進屋便被捕。敵人嬉皮笑臉地說：「二位，既然到齊了，那就請吧，我們局長可等著呢！」話音方落，便要推搡他們出門。周文雍略帶譏諷地說：「你們找了我們這麼久，還著急這一點時間嗎？！你們不會又怕我飛了吧？！」陳鐵軍也滿是嘲諷地說：「你們這些人辦事，真是一點都不爽快，讓我穿件衣服再走也不遲啊！」

再次抓到周文雍，敵人喜出望外。由於有了「無牌小汽車」的前車之鑑，敵人這一次給周文雍帶上沉重的鐐銬，關押在單人牢房，安排大批軍警日夜監視。廣州起義中被周文雍擊潰的敵廣州市公安局局長朱暉

日親自審訊，妄圖得到中共廣東省委的祕密。

在牢房裡，敵人對周文雍百般折磨，「放飛機」「老虎凳」「插指心」輪番上陣，周文雍多次昏死過去，但始終不吐一言。眼看酷刑用盡也沒有什麼效果，敵人又玩起了花招：「周文雍，既然你一個字也不願說，那就寫吧，只要你寫了自首書，馬上放你出去。」「拿——拿筆來！」敵人以為刑訊或有轉機，立刻遞上紙筆。周文雍強撐著身體站起來，接過筆艱難地挪步到牆邊，揮筆寫下絕命詩：

> 頭可斷，肢可折，
> 革命精神不可滅。
> 壯士頭顱為黨落，
> 好漢身軀為群裂。

朱暉日見狀，感到單憑肉體的折磨難以摧垮周文雍的意志。他自認為「愛情」或許可以成為擊潰周文雍意志防線的最後砝碼。

他走到周文雍跟前，儘量做出強裝笑顏又略帶惋惜的神態，假惺惺地說：「周先生，我知道你愛著陳女士，陳女士也很愛你！可是，你們畢竟沒有真正結婚，而是為了工作假扮夫妻。我很欽佩你為了所謂的共產主義信仰而英勇獻身的精神，可你想過陳女士沒有，她可能會因此而被連累丟掉性命，你這又是何必呢？你和陳女士都還很年輕，如果能夠一起生活下去，該是多麼讓人羨慕的一對啊！可是，你居然要為你們那虛無縹緲根本不可能實現的主義白白犧牲，想來實在是不值。而且，你們現在已經失敗了，你也盡了力，也算仁至義盡。何不就此收手，重新開啟自己的人生呢！」

周文雍斜眼看了他一下，說道：「主義、理想、愛情、人生，這些高尚的詞彙，你可懂得它們的真實含義嗎？不！你不懂！你永遠不可能

明白一個共產黨人的情懷，你根本不可能懂得革命者的幸福！」

朱暉日不甘心，又說：「那周先生總還記得『生命誠可貴，愛情價更高』這兩句詩吧？」

聽到這裡，周文雍昂起頭顱，直盯著朱暉日：「是啊，生命可貴，愛情美好，這是多麼讓人為之心動。但你忘了還有兩句：『若為自由故，二者皆可拋。』這就是共產黨人、革命者與你們這些反動派、偷生螻蟻的根本區別！」

敵人的偽裝徹底被撕破，朱暉日氣急敗壞地喊道：「快！給我接著用刑……」

黔驢技窮的敵人最終決定，直接送周文雍去法庭接受審判，既可判處他死刑，又可借機恐嚇群眾。周文雍則抓住審判的機會，將敵人的法庭變為宣傳革命的講臺。

敵庭長：「你為什麼要參加共產黨？」

周文雍：「為了打倒你們這些反動派，為了解救全中國的勞苦大眾。」

敵庭長：「你還有哪些同黨？現在何處？從實招來！」

周文雍：「天下的勞苦大眾都是我的同黨，你們可以抓得完、殺得淨嗎？！」

……

敵庭長：「你還有什麼最後要求嗎？」

周文雍：「我要和陳鐵軍同志合照一幅照片！」

在一扇鐵窗之前，周文雍與陳鐵軍並肩而立，拍下了他們唯一的一張合照。拍完合照後，攝影師問：「將來，這張照片寄給哪裡呢？」「就寄給中國人民吧！」周文雍、陳鐵軍異口同聲地說道。

一九二八年二月六日，是敵人定下殺害周文雍與陳鐵軍的日子。數月來假扮夫妻的點點滴滴、腥風血雨下患難與共的戰鬥經歷，早已在周

▲ 周文雍和陳鐵軍就義前合影
照片

文雍與陳鐵軍的心中埋下愛的種子。現在，是該讓它發芽、噴薄而出了。面對圍攏在刑場周邊的群眾，陳鐵軍說：「我們倆過去在一塊工作，一直沒有結婚，現在我們要宣布結婚。」說著話，她把自己的圍巾披在周文雍的身上。周文雍說：「今天是我們結婚的日子，我們的血要獻給中國革命了，相信我們倒下去，會有千百萬人站起來。」

群眾被這感人的一幕打動了，紛紛流下熱淚。敵人的行刑官大吼：「快，立刻行刑！」

周文雍環顧四周，大義凜然地說道：「現在我們宣布：這刑場就是我們結婚的殿堂，讓反動派的槍聲作為我們結婚的禮炮吧！」

槍聲響起，周文雍與陳鐵軍緊緊擁抱在一起。

「同──志──們──革──命──到──底！」這是周文雍留給大家最後的囑託！

周文雍犧牲了！但他和陳鐵軍刑場上的婚禮卻永不落幕！他將個人的愛情與億萬勞苦大眾的解放緊密融合在一起，使得他的愛情顯得格外高尚、純潔！正因為他視死如歸，所以他的愛情尤其使人感佩。周恩來總理曾特別談到，當他在上海得知周文雍犧牲的消息後，非常感動，當時就想把他們的故事寫成劇本而一直未能如願。聶榮臻元帥曾說：「周文雍與陳鐵軍在刑場就義，香港當時的報紙刊登了他們的合影照片，我當時看到後非常難過。我把報紙剪下來帶在身上，直到一九三五年紅軍長征天天打仗才丟失了。」歲月如流，時光荏苒！英雄雖死，精神不滅！周文雍和他那刑場上的婚禮，依然燭照著當下的中華大地，感動著千千萬萬的中國人！

彭湃：
焚燒自己田契的「農民運動大王」

只要我還有一口氣，我就要為共產主義事業奮鬥到底！

—— 彭湃

彭湃（1896-1929），原名彭漢育，廣東省海豐縣海城鎮人。一九二四年加入中國共產黨，是中國農民革命運動的先導者和海陸豐蘇維埃政權創始人，毛澤東稱讚其為「農民運動的大王」。一九二九年，彭湃於上海龍華監獄英勇就義，時年三十三歲。

求學扶桑心向革命

彭湃出生於廣東海豐一個大地主家庭。對於自己的家庭，彭湃曾說道：「我的家庭在海豐縣可以算作個大地主，每年收入千餘石，被統轄的男女老幼不下千五百人。我的家庭男女老少不上三十口，平均每一人就有五十個農民做奴隸。」可以說，彭湃小時候過著飯來張口衣來伸手、錦衣玉食的生活。雖然彭湃生在大地主之家，但他的母親周鳳卻出身貧苦。周鳳年少時當過婢女，十六歲時嫁入彭家。周鳳非常同情貧苦的農民，經常給彭湃講述農家的悲慘際遇，彭湃因之耳濡目染對農民抱以同情。在母親的影響下，彭湃從小就對那些欺壓農民的土豪劣紳嗤之

以鼻。據周鳳回憶：「彭湃小時候，每當聽講土霸劣紳、貪官污吏的故事，便大聲痛罵，甚至經過縣裡權貴門口時，也不喜歡。」

彭湃幼時聰敏好學，五歲時就可以用貝殼在地上擺出很多字來，七歲就能背誦很多古詩，九歲時已經可以自己寫春聯。十三歲時，彭湃進入海豐第一高等小學讀書，整個小學階段，彭湃的學業成績優良，贏得周圍人的贊許。他的祖父因此非常喜歡彭湃，希望彭湃今後可以繼承家業、光宗耀祖。但漸漸長大的彭湃目睹社會的黑暗與農民的悲慘命運，卻日益滋長反抗的念頭。

一九一三年，彭湃進入海豐中學讀書，在這期間，他關注時事追求進步，積極參加各種社會活動，並在海豐中學發起組建了進步學生群進會。群進會成立後做的最重要的一件事就是開展反對軍閥林干材的鬥爭。林干材是當時海豐縣的駐軍統領，以剿滅「反袁勢力」為藉口大肆捕殺群眾，數百農民因之命喪黃泉。海豐的土豪劣紳卻對其「敬佩有加」，稱其為「統領公」，並為其雕刻石像，準備安放於海豐縣城北郊五坡嶺、原為祭祀南宋民族英雄文天祥而建的「表忠祠」內，與文天祥配祀。消息傳出，輿論譁然。但林干材自恃武力，揚言以武力壓服之。彭湃與同學們不為所懼，乘夜敲毀石像之鼻，阻止了土豪劣紳們的立像圖謀。

反對為林干材立石像的鬥爭雖然成功了，但林干材以及土豪劣紳依然在海豐作威作福，民眾依然處在被奴役剝削之下。為圖根本之解決，彭湃決意赴外求學，尋找救世救民的真理。其時，彭湃家雖為當地巨富，但並無官府勢力可以依靠，因此也時常受到當地軍閥的勒索。彭湃祖父循著傳統中國人「學而優則仕」的思維，也希望彭湃可以讀書做官，庇護家族免受騷擾。故而，彭湃提出遊學請求，很快得到祖父的贊成。

一九一七年，彭湃東渡日本求學，先入成城學校補習日語，次年進

入早稻田大學，修讀政治經濟科。他對朋友說：「我選定此類專業，為的是將來研究中國的政治經濟，秉志改革。」他經常鼓勵其他留學生：「我們出國留學，不是出來鍍金，不要掛個空招牌，應下九牛二虎之力，學點頂用的東西，於國於民才會有益。」一九一八年，北洋軍閥段祺瑞政府與日本簽訂《中日陸軍共同防敵軍事協定》。為圖挽救，彭湃與留日學生救國團在東京神田區「維新號」中國飯店舉行祕密會議，討論對策。孰料消息走漏，日警突至，對中國留學生肆意毆打，並將四十六名與會學生全部拘押、審訊，第二天才予釋放。這件事的發生，極大地刺激了全體中國留日學生。當時，日本對華採取歧視政策，日本國內，日本人有結社集會的自由，旅居日本的歐美人亦有結社集會的自由，唯獨中國人沒有該項權利。而且日本人把中國留學生稱作「支那馬鹿」，意即愚蠢粗笨的傢伙，十分蔑視。此次事件的發生，極大地刺激了彭湃等中國留學生，留日學生遂決定全體罷學回國以示抗議。彭湃回到廣州後，聯合同學發布《留日廣東學生同鄉會宣言書》，疾呼「大禍臨頭」，籌謀廢約救亡。但北洋政府卻極力阻止，強令返國的留日學生重回日本，並以取消留學資格相要脅。受此壓力，彭湃等返國留日學生不得不再渡扶桑。經過此事，彭湃成為日本東京員警署重點監視的「排日派」中國留學生，時時事事處處受到嚴密監視，甚至於彭湃因鼻竇炎入院手術，亦有日本便衣員警跟隨監視。

一九一九年五月四日，北京爆發抗議巴黎和會外交失敗的愛國學生運動。消息傳到日本，留日學生群情激憤，決定向各國駐日使館投書抗議，然而在正式行動前突遭日警鎮壓，包括彭湃在內的參加者被打得頭破血流，更有數人被判處有期徒刑。經此事變，彭湃深感唯有喚醒民眾，方可自救圖強，遂咬破食指，在一塊白絹上血書「毋忘國恥」四字，寄回海豐中學。彭湃此舉極大激勵了海豐中學學生，他們組織起來遊行抗議，並將搜集到的日貨焚之一炬，以示對日本掠奪中國利權的抗議。

一九一九年開始，日本國內社會主義思想的傳播漸趨廣泛，社會主義運動興起。受俄國十月革命影響，日本大學裡組建了許多研究社會主義的組織。彭湃參加了早稻田大學的學生組織「建設者同盟」，著力研究農民問題。一九二〇年，彭湃與一批志同道合的留學生成立了以研究俄國革命為主的「赤心社」，學習《共產黨宣言》《社會主義問題研究》等書籍。隨著學習的深入，彭湃的思想日趨成熟，他認為：「狹義的愛國運動是不徹底的，因為我愛我的國，你愛你的國，這就造成互相侵略」，因此唯有「解放全人類」，方可求得人類真正美好之未來。留學日本的經歷，是彭湃個人成長與思想成熟趨向革命的重要階段，為彭湃走上革命道路打下了堅實基礎。

散盡私財致力農運

　　一九二一年五月，彭湃學成歸國，決定從教育入手推進社會革命。十月，經海豐學生聯合會請願、廣東省省長陳炯明同意，彭湃就任海豐縣勸學所長。就任勸學所長後，彭湃大刀闊斧推進教育改革，清退思想腐朽頑固的舊式文人，延聘思想開明的進步人士擔任中小學校長與教員；同時革新教育內容，發展鄉村教育，興辦女子學校，提倡體育運動。彭湃將馬克思的畫像掛在自己辦公室，並在住處貼上「漫天撒下自由種，佇看將來爆發時」的對聯，表現出濃厚的革命思想。

　　一九二二年五一勞動節，彭湃專門創作了勞動節歌：「今日何日？『五一』勞動節，世界工黨同盟罷工紀念日。勞動最神聖，社會革命時機熟。希望兄弟與姊妹，『勞動』二字永牢記。」他還組織學生唱著勞動節歌上街遊行。學生們高舉寫有「赤化」二字的紅旗，高呼「勞工神聖」的口號，穿街過巷，聲勢頗為浩大。這次五一大遊行開闢了海豐歷史的新篇章，也引起了守舊勢力的極大震恐。在他們的污蔑、圖謀與攻

擊下，彭湃勸學所長的職務很快被撤銷了，那些被彭湃延攬而來、具有新思想的校長教員也被迫離職。彭湃想從教育入手進行社會革命的嘗試失敗了，他很傷心。但彭湃傷心的並不是自己的職務被撤，而是這初次嘗試沒有得到農民的支援。彭湃後來在《海豐農民運動》一文中指出，五一遊行「參加的絕無一個工人和農民」，「實在幼稚到了不得」。為發動農民，彭湃決意「把家財拿出來運動社會革命」，並發表了《告農民的話》。他的母親知道後頗為不安：「倘如此做法豈不是要破家蕩產嗎？」彭湃卻說：「這篇文章若是農民看了，心裡必非常歡喜。」從此，彭湃毅然決然走上推進農民運動的革命道路。

彭湃剛開始從事農民運動時，遇到的阻力與困難極大。由於彭湃出身地主家庭，又留學東洋，因此舉手投足間難免與貧苦的農民產生距離、形成隔閡，很多農民或以為他是下鄉收租的地主，或以為他是催逼稅款的官員，因此往往寒暄應酬數言後，便遠遠地躲開了。一次，彭湃去鄉下碰到一個面黃肌瘦的農民。農民看見彭湃就怯生生地說：「先生來收賬嗎？」「不是，不是！」彭湃連聲說：「我是來幫你收賬的。因為別人欠了你的賬，你卻忘了，我特地來告訴你！」農民甚覺詫異：「哎，我只要不欠別人賬就算燒高香了，何來別人欠我的賬呢？我倒很想知道是誰欠我的賬呢？」彭湃說：「是地主！你辛苦種地難得一飽，地主好吃懶做卻享盡榮華富貴，你交的租就是他欠你的賬。」聽到這些，農民反而笑起來：「這是命中註定的！農民就是要給地主交租，祖祖輩輩都是這樣！」彭湃並不放棄：「老兄你貴姓？我們商量一下看如何去向地主討債。」農民卻回答：「我還有事，要趕緊去種地！」說完頭也不回地走開了。

儘管彭湃真心誠意，一再解釋宣傳，但由於農民長期被地主欺騙壓榨，因此總認為彭湃說的是謊言。那些擔心農民運動會破壞舊有社會秩序的土豪劣紳則大肆造謠，稱彭湃因為被撤了勸學所長而抑鬱致病，以

致神經錯亂胡言胡語。彭湃的舉動也遭到家庭的反對。彭家花錢送彭湃赴日留學，為的是希望他學成歸來做官掙錢，庇護家族；未料彭湃不但丟官去職，還要拿家財去搞農民運動，自然受到家族勢力的極力反對。彭湃自己也說：「除了三兄和五弟不置可否外，其餘男女老幼都恨我刺骨，我的大哥差不多要殺我而甘心。」彭湃下鄉搞農民運動初期，通常一大早就去農村，回到家時已經很晚，往往只能吃些殘羹剩飯。但彭湃的決心不變，誓將農民運動在海豐開展起來。

彭湃真心誠意想與農民打成一片，然而農民們應者寥寥，常常是耗費終日卻一無所獲。多次挫折後，彭湃終於發覺，一則自己富家公子的光鮮服飾與農民的破衣爛衫形成鮮明對比，農民不敢接近，心理上有距離；再則自己的語言太過文雅，農民們普遍沒有受過教育，很難聽懂彭湃所說的意思。於是，彭湃決定改弦更張，用農民易於接受的方式開展工作。首先，他脫掉自己光鮮的衣著，找來農民常穿的衣服穿在身上，藉以從外表上拉近與農民的距離；其次，在與農民交往中，他儘量使用農民喜聞樂見的俗言俚語與其交談，藉以從心理上拉近與農民的距離；再次，彭湃選擇位於海豐縣城東郊龍山、農民進出縣城必經的天后廟作為宣傳陣地；最後，為吸引農民注意，彭湃往往先進行魔術表演，或者用農民沒有見過的留聲機播放唱片，待農民聚集後再做演講動員工作。他還創作了很多通俗易懂的歌謠，以輕快活潑的旋律宣傳革命思想。如《田仔罵田公》寫道：

冬呀！冬！冬！冬！
田仔罵田公！
田仔耕田耕到死，田公在厝食白米！
做個（的）顛倒餓；懶個（的）顛倒好！
是你不知想！不是命不好！

農夫呀！醒來！農夫呀！勿憨！

地是天作！天還天公！

你無分！我無分！

有來耕，有來食！無來耕，就請歇。

　　這些歌謠淺顯易學，又指出了農民受苦之根源，很受農民的喜歡。因此，工作方法一旦改進，彭湃動員農民的工作立刻有了很大進展，農民們開始願意接觸彭湃，相信彭湃。在彭湃的影響下，青年農民張媽安、林沛等五人成為彭湃的追隨者，並成立了祕密農會。祕密農會的成立，極大地增強了彭湃開展農民運動的信心，也極大地增強了工作的效果，彭湃演講的聽眾，由之前的每次十餘人增加為每次數十人，最多時達到二百餘人。

　　為了更好地發動農民、贏得農民的支持，彭湃決定將自家的田地分贈給農民。消息傳出，彭家頓時炸開了鍋，兄弟們罵他「無德」，母親斥責他是個「逆子」。海豐的土豪劣紳沒想到彭湃居然要給農民分地，咒罵他是「天蛇」；因為彭湃小時候有個乳名叫「天泉」，在海豐話裡「泉」與「蛇」的發音近似，土豪劣紳故意以此污蔑彭湃。為了防止整個家業斷送於彭湃之手，彭湃的兄弟們決定分家析產。對此，彭湃正求之不得。分家後，他立刻將自己名下的田契登門送給佃農。但是，中國的農民數千年來被地主壓榨欺侮，早已形成習慣，根本不會相信地主會分田給農民。為打消農民的疑慮，彭湃將自己名下的佃戶召集起來，當眾將田契、租約焚毀，並當眾宣示：「以後自耕自食，不必再交租穀。」彭湃此舉，極大地獲得了農民的信任。

　　一九二二年十月二十五日，海豐第一個正式農會——赤山約農會成立。凡是入會的農民，每人都發給一張紅布製成的會員證，上書「不勞動，不得食。宜同心，宜協力」。為了引導農民正確認識壓迫的來源及

本質，在農會成立大會上，彭湃故意問大家：「農友們！天下怎麼才會太平呢？」農民們異口同聲地回答：「我們的彭湃當皇帝，天下就太平了！」彭湃說：「彭湃不能當皇帝，我們農友真正當家做主，天下才能太平！」由於農會可以保護農民的切身利益，海豐出現農民積極加入農會的熱潮，彭湃對此興奮不已：「中國農民的階級鬥爭，將出現於南部海豐一隅！」一九二三年元旦，海豐總農會成立，會員達十萬人，彭湃被選為會長。

海豐總農會的成立，遭到地主惡霸的敵視。地主朱墨藉口余坤等佃戶「佃滅主業」，買通官府將他們抓捕入獄。總農會得知消息後，在彭湃的領導下集合六千餘名會員前往官府示威請願。在農會的強大壓力下，余坤等佃農被釋放。這次事件的勝利，極大促進了各縣建立農會的工作。先是陸豐、惠陽、紫金等縣紛紛成立農會，繼之成立惠州農民聯合會，不到兩月，又改組為廣東省農會，彭湃被推選為廣東省農會執行委員長。廣東省農會設在海豐，以海豐為中心的粵東農民運動出現了高潮。由於在農民運動中做出的突出貢獻，毛澤東稱譽彭湃為「農民運動的大王」，並說：「全中國各地都必須辦到海豐這個樣子，才可以算得革命的勝利。」彭湃與農民打成一片的樸實作風給徐向前也留下了深刻印象：「他個頭不高，身著普通農民的衣服，腳穿草鞋，不論走到哪裡，都能和群眾談心、交朋友……飯碗上沾著雞屎，他毫不在乎，端起碗就吃。這一點確是難能可貴的，我很佩服他。」

堅持鬥爭英勇獻身

一九二三年中國共產黨第三次全國代表大會召開後，黨對農民問題的認識、對農民運動重要性的認識達到了新的高度。彭湃在廣東開展農民運動所取得的成就也引起黨的注意，由此，彭湃與黨組織建立了聯

繫，並於一九二四年四月正式加入中國共產黨。

　　一九二四年四月，彭湃前往廣州，就任第一屆農民運動講習所主任。為培養農運骨幹，彭湃經常結合自己在海陸豐開展農民運動的切身經驗，親自給學員授課。彭湃深感不能單就農運講農運，而應在更大的格局、更廣闊的視野上認識農運、推進農運。為此，他延請許多著名的革命人士來農講所授課，如廖仲愷講國民革命，阮嘯仙講國民革命中的工農政策，鮑羅廷講國際問題。常規授課之外，彭湃經常組織學生深入農村開展調查、宣傳，並指導幫助農民建立農民協會。為提升農講所學員在武力鬥爭環境下開展工作的能力，彭湃還在農講所開設了步行及馬術訓練等軍事課程。一九二五年九月，彭湃又任第五屆農民運動講習所主任，學員來自湖南、湖北、福建等八省共一百一十四人，毛澤東即是這一屆農講所的學員。一九二七年三月，彭湃前往武漢，出任中華全國農民協會執行委員。

　　「四一二」反革命政變後，面對白色恐怖的空前威脅，彭湃毅然決然參加了八一南昌起義，並在《紅旗日刊》上發表《土地革命》一文，明確指出：「無產階級要推翻帝國主義、軍閥和資產階級的掠奪與壓迫，解除全中國大多數人的痛苦，只有實行土地革命。」並提出「一切土地歸農民！一切武裝歸工農！一切政權歸工農兵代表會！」的口號。十月，海陸豐武裝起義成功，在彭湃的領導下成立了中國第一個紅色政權——海陸豐工農兵蘇維埃。翻了身的海陸豐農民興奮不已，他們高興地唱道：「東山日出西山紅，彭湃出自海陸豐。窮苦佬子有田種，單身哥佬配成雙。」十二月，廣州起義爆發，但堅持三天後旋即失敗。彭湃聞訊後，迅速組織接應。一九二八年元旦，廣州起義部隊到達海豐。針對當時部分戰士中間存在的失敗情緒，彭湃在歡迎大會上說：「這算不了什麼，我們共產黨人，從來不畏困難，失敗了再幹，跌倒了爬起來，革命總有一天會成功的。」一九二八年七月，中國共產黨第六次全國代

表大會在莫斯科召開，彭湃被選為中央委員、政治局委員。一九二八年冬，彭湃前往上海在黨中央機關工作，擔任中央農委書記，並兼任江蘇省委書記。

一九二九年八月二十四日，彭湃按計劃前往上海新聞路經遠里參加江蘇省委會議，被已經投降叛變的白鑫出賣而被捕，先是被關入租界工部局，旋即被轉入上海市公安局拘留所。面對敵人的審問，彭湃毫無懼色大聲呵斥：「似你們這班反革命，我們在海陸豐不知殺了多少，你現在不必問，將我槍斃好了。」彭湃被捕，時任中央軍委書記的周恩來心急如焚，立刻組織救援。原定利用敵人將彭湃由上海市公安局拘留所解轉位於龍華的國民黨淞滬警備司令部時，在中途武裝劫車。但由於準備參加行動的中央特科同志發現臨時送到、用於行動的槍支上塗有潤滑油，便又立刻找煤油擦槍，結果因此耽擱了時間，致使伏擊囚車的行動功敗垂成。

在龍華警備司令部，彭湃受盡酷刑，但依然堅持鬥爭，還利用各種機會宣傳革命。面對敵人的審訊，彭湃嚴厲以對：「你們今天可以審訊我，侮辱我，而我只能痛斥你們這些叛徒、殺害人民的劊子手、帝國主義的走狗。但在不遠的將來，當我們最終戰勝你們時，你們這幫膽小鬼在人民面前坐在被審席上，甚至都不敢說一句為自己辯解的話。」「我們共產黨是代表工農人民大眾的。全國的工農大眾，在共產黨的領導下，一定要向你們討回血債！」「只要我還有一口氣，我就要為共產主義事業奮鬥到底！」彭湃的堅韌、卓絕，竟將陰森恐怖的監獄一變而為群情激昂的鬥爭前線。他還和獄中其他同志一起給黨中央寫信表明心跡：「我們已共同決定臨死時的演說詞了。我們未死的那一秒前，我們努力地在這裡做黨的工作，向士兵宣傳，向警士宣傳，向獄內群眾宣傳，同志們不要為我們哀痛，望你們大家努力。」周恩來曾專文記述彭湃在獄中鬥爭情形：「與士兵談至痛切處，士兵中竟有捶胸落淚，痛罵

國民黨軍閥非殺盡不可的。當他們說至激昂處，便齊唱《國際歌》，士兵與獄中群眾亦高呼口號和之。」龍華警備司令部是國民黨殺害中共黨人的重要場所，彭湃自感無脫逃機會，但為鼓舞同志繼續革命，他與一同被捕的中央候補委員楊殷聯名給中央寫下最後一份祕密報告，內中提道：我等被捕黨員「都公開承認，並盡力擴大宣傳。他們底下的兵及同獄人，大表同情。尤其是兵等聽我們的話，竟大歎氣而捶胸者。我們在此精神很好。兄弟們不要以為弟等犧牲而傷心，望保重身體為要。」彭湃此信，雖僅百餘字，然字字鏗鏘，表現出勇於犧牲及寄望同志們繼續努力的殷切之情。

一九二九年八月三十日，彭湃將身上的衣服脫下來贈送給獄中戰友，高喊著「中國蘇維埃萬歲！」「中國紅軍萬歲！」「中國共產黨萬歲！」的口號，義無反顧地走向刑場。彭湃被槍殺了，但彭湃的英勇事蹟傳遍了中國大地。彭湃被殺的第二天，中共中央發布《告人民書》，對彭湃給予高度評價：「他這樣英勇的革命鬥爭歷史，早已深入廣大勞苦群眾的心中，而成為廣大群眾最愛護的領袖。誰不知廣東有彭湃？！誰不知彭湃是中國農民運動的領袖？！一切反革命派誣衊他是殺人放火的兇犯，但廣大工農勞苦群眾，尤其是幾萬萬農民群眾卻深深知道他是他們最好的領袖，是土地革命的忠實領導者。」可以說，這是對彭湃最高最準確的評價！

大國初心

鄧中夏：
出身官僚家庭的工人運動領袖

> 一個人能為了最多數中國民眾的利益，為了勞動大眾的利益而死，這是雖死猶生，比泰山還重。

──鄧中夏

鄧中夏（1894-1933），湖南宜章人，一九二〇年十月在北京參加共產主義小組。先後任中共江蘇省委書記和廣東省委書記、中華全國總工會駐赤色職工國際代表、中共湘鄂西特委書記和紅軍第二軍團政治委員等職。一九三三年九月二十一日，在南京雨花臺遇害，時年三十九歲。

北大求學志做公僕

一八九四年十月五日，鄧中夏出生於湖南省宜章縣鄧家灣村的一個官僚地主家庭。他的祖父鄧錫錦早年經商，積累下殷實家業；父親鄧典謨是清末舉人，在清政府、北洋軍閥政府及南京國民黨政府行政院裡均任過職。由於家庭背景的原因，鄧中夏從小就接受了良好的教育。一九一三年，鄧中夏考入郴縣第七聯合中學。學校有位曾留學日本的體育老師，他在給鄧中夏和同學們上課時講了他留學時受辱的一件事。當時，日本學校舉行游泳比賽，規定凡取得前五名的同學不論國籍均可免一年學雜費，這位體育老師取得了第一名的成績。然而，非但沒有被減免學雜費，反而遭到日本學生毆打。原因居然是，日本人認為中國人是「東

亞病夫」，不配得第一名。這件事給鄧中夏留下了深刻記憶，他暗自發誓，一定要努力學習，有朝一日讓中國人揚眉吐氣。

一九一七年，鄧中夏考入北京大學國文系讀書。他起初想做一個通「古」入仕的「古文迷」，但軍閥統治的黑暗很快使他的想法發生了根本的轉變。當時，北洋軍閥段祺瑞控制下的北京政府對外媚日喪權、對內專制獨裁，造成嚴重的社會動盪，民生因之凋敝不堪。鄧中夏逐漸認識到，中國問題之解決，中國社會之鼎革，絕非詩章辭賦所能完成，而應依靠社會運動，「增進平民知識，喚起平民自覺心」。因此，他特別注意對平民的教育、發動，並在此過程中練就了演說的本領。他組織了北大平民教育演講團，經常帶領同學們上街宣傳新思想。鄧中夏第一次公開演講是在北京的廟會上談《謀大學教育之普及》。但讓他特別懊惱沮喪的是，自己在臺上講得天花亂墜，臺下卻沒有幾個聽眾，應者更是寥寥。出師不利，鄧中夏認真反省總結教訓，他親自到群眾中間徵求對演講的意見，終於找到了問題的癥結。一則是自己站在高高的臺上，離群眾太遠；再則是自己的語言表達文縐縐的，老百姓不愛聽，甚至聽不懂。找到了問題的根源，鄧中夏立刻著手修改。過幾日再開講，題目換成《現在的皇帝倒楣了》，老百姓們一聽立刻圍攏過來，加之鄧中夏使用了老百姓喜聞樂見通俗易懂的家常話，演講大獲成功。日後，在領導長辛店工人罷工、京漢鐵路工人大罷工、上海日本紗廠工人罷工的過程中，鄧中夏利用自己善於演講的優勢，四處奔走演講發動群眾。他原本說的是一口地道的湖南話，但湖南話有很多字的發音與北方地區差別極大，不容易聽懂。於是，鄧中夏又主動學習各地方言，以便能夠做到因地制宜開展演講。為此，還發生了一件趣事。一九三三年，他在上海演講，一些老工人聽了以後說：「您講得真好，我們聽後想起了好多年前的鄧中夏，就是口音不大一樣。」

在北大求學時，每逢寒暑假，鄧中夏都會回到家鄉，在祠堂裡給鄉

親們講演，在學校裡給孩童們上課，他想把盡可能多的新思潮帶到這個貧窮閉塞的小山村。家鄉的人都視他為驕傲，希望他以後可以當大官，造福鄉里。一次，鄉親們問他：「你現在是北大的高才生，也不知道以後要當個什麼樣的大官呢？」鄧中夏卻回答：「鄉親們，我不要去做什麼大官，我要開創一個人人有飯吃有衣穿的天地！」一九一九年暑假，鄧中夏的父親打電報要他回家，告訴他家裡已通過關係給他在北洋政府農商部謀得一個肥差。鄧中夏對此厭惡至極，明確表示拒絕：「我要做公僕，我要聯合各同志，做到人人有飯吃，個個過富裕生活。我的目的是要為廣大民眾謀利益，絕不為個人自私自利單獨發財。」他的父親難以相信自己的兒子會做出這樣「荒唐」的決定，自此拒絕再出資供他上學。

拒絕留洋致力工運

北大畢業後，鄧中夏謝絕胡適保送他出國留學的建議，全身心投入勞工的教育、發動工作中。一九二〇年五月一日，中國工人階級歷史上第一次紀念自己的節日。鄧中夏趕往鐵路工人集中的長辛店向工人們做題為《我們為什麼要紀念五一勞動節》《勞動紀念日與中國勞動界》的演講，並向工人散發《五月一日北京勞工宣言》：「有工大家做，有飯大家吃。凡不做工而吃飯的官僚、政客、資本家一律驅逐，不准他們留存在我們的社會裡來剝削我們。」但是，受歷史環境及生活條件的限制，當時的工人們大多掙扎在生存線上，能養家糊口已屬不易；更遑論接受教育，進而認識壓迫的來源與剝削的實質，最終走向反抗。有一次，鄧中夏作《工人最偉大》的演講。有個工人想不明白，問道：「做工的人偉大，我怎麼不覺得偉大？」鄧中夏立刻發現，這絕不是個別工人不明白的普通問題，而是很多工人都搞不清楚的根本性問題。但要講

清楚這個問題，必須結合實際找到問題的關鍵。於是，他說：「大家想想，火車誰開的，機器誰造的，工廠誰蓋的，布誰織的，哪一樣東西不是工人造的。離開工人，誰也活不了。大家說說，工人偉大不偉大！」聽講的工人們紛紛點頭表示贊同。這時，另外一個工人又提問：「做工的偉大，為什麼這麼窮？！」這個問題一下子把工人們高昂的情緒打落下來，鄧中夏也覺得這個問題問得好，一定要講清楚。他深情地說：「工人窮，不是八字不好，更不是命中註定，是軍閥、廠主把我們剝削窮的。軍閥、廠主吃香的、喝辣的，哪一樣不是工人的血汗換來的？工人創造出來的勞動果實，都被軍閥、廠主吃了喝了，工人怎麼能不受窮呢？！工人創造的東西最多，生活卻最苦、最窮，這是世界上最不公平、最不合理的事。」看到工人們似有所悟，他又補充說：「大家抱個團體，五人團結是隻虎，十人團結成條龍，百人團結似泰山。只要我們團結起來，與軍閥、廠主鬥爭，做工的就不會永遠是個窮命。」在鄧中夏的努力下，工人的覺悟有了很大提高，工人運動也因此慢慢發展起來。

一九二一年十月，鄧中夏應毛澤東之邀赴湘，幫助湖南黨組織開展反擊無政府主義，同時協助加強黨的思想建設和組織建設工作。這段時間，鄧中夏往返奔走於武昌、長沙、衡陽等地，工作異常繁忙。他曾五日之內兩次乘船橫渡洞庭湖。浩瀚的洞庭湖，水天一色的圖景，讓鄧中夏心潮澎湃文思泉湧。《過洞庭》這首立意高遠大氣磅礡的詩篇，便是他在這一時期的佳作。

莽莽洞庭湖，五日兩飛渡。尋浪拍長空，陰林疑鬼怒。
問今為何世？豺虎滿道路。禽獮殲除之，我行適我素。
莽莽洞庭湖，五日兩飛渡。秋水含落暉，彩霞如赤柱。
問將為何世？共產均貧富。慘澹經營之，我行適我素。

《過洞庭》意境深邃、旗幟鮮明，可以說是鄧中夏作為一個無產階級革命家博大胸懷的真實寫照。這首詩用詞鏗鏘有力，鄧中夏把它讀給同志們聽，「聽者莫不為之感動」。

　　一九二三年鄧中夏赴滬，由黨組織安排在上海大學教書。此後直至一九二五年，鄧中夏一直在上海大學工作。在上海大學工作的兩年間，他推動學校進行了一系列的變革，引導培養了一批學生走上革命的道路。其中劉華、王稼祥、張琴秋、楊之華等人加入中國共產黨，為革命鬥爭做出了重要貢獻。新中國成立後，曾任全國婦聯副主席的楊之華回憶自己在上大與鄧中夏交往的那段經歷時說：「鄧中夏同志是我們的總務長。他的頭髮很黑，眉毛濃而長，眉心很寬。當他抬起頭來看人的時候，兩眼閃閃有光。他常常喜歡講李卜克內西和盧森堡的故事給我們聽。他是我們敬愛的一位有魄力、有毅力的革命者。」

　　一九二五年五月三十日，震驚中外的五卅慘案發生。中國共產黨發表《為反抗帝國主義野蠻殘暴的大屠殺告全國民眾》，號召在全國範圍開展反帝愛國運動，「務使野蠻殘暴的帝國主義在中國之特權與統治不斷地動搖，務使其在華的政治經濟地位發生永久的危機。」為響應黨的號召，中華全國總工會決定發動省港大罷工，委派鄧中夏負責具體組織工作。鄧中夏聯合各方力量，很快在廣州建立起省港罷工委員會。省港罷工委員會的駐地是清末廣東水師提督李準的花園別墅——東園。東園內的主體建築是一棟磚木結構的西式二層紅樓，一樓被用作工人糾察隊的禮堂，二樓安排為模範糾察大隊的宿舍。紅樓後面還有一個小花園，用來培訓糾察隊訓育

▲ 香港罷工委員會部分委員合影（左六為鄧中夏）

員。由於鄧中夏足智多謀，在罷工的準備、發動、協調等方面往往能做出出人意料卻富有成效的安排，因此被工人們親切地稱為「東園諸葛亮」。

在鄧中夏等人的領導下，省港大罷工堅持了一年多，給英帝國主義以沉重打擊，香港一度變成「臭」港。港英當局迫於壓力，開始與廣東國民政府談判，省港大罷工取得勝利。

作為一名無產階級戰士，鄧中夏不僅僅通過血與火的鬥爭實現理想，他也非常重視發揮「文學的革命使命」，為現實鬥爭提供精神支持。

針對新文化運動以後，中國青年界表現出的只追求虛幻的浪漫而無視現實社會殘酷的傾向，他一針見血地指出：「新文化運動以後，青年們什麼都不學，只學做新詩；最後連長詩也不願做，只願做短詩。」對此，鄧中夏直指這是「懶惰和浮誇兩個病症的表現」。他說：「坐在草地上做新詩的，便是混沌的欣賞自然；廝混男女交際場中做新詩的，便是肉麻的謳歌戀愛；飽食終日坐在爐閣安樂椅上做新詩的，便是想入非非的讚頌虛無；他們什麼學問都不研究，唯其如此，所以他們幾乎都是薄學寡識；唯其如此，所以他們幾乎沒有一個人把人生觀和社會觀弄個明白；唯其如此，所以他們的作品，即使行子寫得如何整齊，辭藻選得如何華美，句調造得如何鏗鏘，結果是以之遺毒社會則有餘，造福社會則不足。然而他們卻掛上什麼『新浪漫主義』和什麼『為藝術求藝術』的招牌，以為掩飾的護身符，這是多麼可憐可惱的一蠢事呵。」為此，鄧中夏明確指出，我們不反對新詩，亦不反對人們要做新詩人，我們反對的是這「不研究正經學問不注意社會問題，而專門做新詩的風氣」。鄧中夏難以想像，如果這種風氣長時間延續下去，中國青年將變成什麼樣子。因此，他大聲疾呼：「青年們！醒來喲！誰在你們的四圍！虎視鷹瞵的，磨牙吮血的，你們是處在一種什麼環境？你們是負了一種什麼責任？春花般的青年們喲！朝暾般的青年們喲！烈火般的青年們喲！新

中華的改造只仗你們了，卻不是仗你們幾首新詩。青年們！醒來喲！」在《貢獻於新詩人之前》一文中，鄧中夏號召青年應改變那種「為賦新詞強說愁」的舊文人做派，而應努力投身於革命大潮中，讓文學為革命鬥爭服務，為反帝反封建的民族解放事業服務。他自己帶頭實踐文學革命的理想，寫下了很多體現革命者頑強意志與澎湃高漲的戰鬥激情的詩作。

一九二四年十一月，鄧中夏在《中國工人》發表慶祝省港大罷工主要領導人之一李啟漢出獄的長詩中寫道：

> 你看──
> 猛虎一樣的軍閥呀！
> 巨蟒一樣的帝國主義呀！
> 蛇蠍一樣的資本家呀！
> 他們聯合著，
> 而且緊密地聯合著，
> 長蛇般地向我們進攻了，
> 鐵桶般地向我們重圍了，
> 磐石般地向我們壓榨了。
> 哦哦！我們的戰士！
> 準備迎戰！準備廝殺！

對於革命的前途，鄧中夏始終抱著必勝的信念。在《勝利》一詩中，他滿懷信心地寫道：「哪有斬不除的荊棘？！哪有打不死的豺虎？！哪有推不翻的山嶽？！只需奮鬥著，猛勇地奮鬥著，持續著，永遠地持續著。勝利就是你的了！勝利就是你的了！」作為一個對國家、民族命運抱著深深期許的革命者，鄧中夏的詩詞常常飽含著戰鬥的激

情。鄧中夏一生，累計創作詩歌百餘首。這些詩，或為贈予戰友而作，或為觸景生情即興而發。但無一例外，均激勵、號召時人奮勇向前，為國家、民族的美好未來而奮鬥。

雨花臺罹難

一九三二年十一月，鄧中夏任中國革命互濟總會主任兼黨團書記。互濟總會的主要工作為營救被反動派逮捕的革命者，並籌款救濟他們的家屬。但要想順利籌措物資經費並獲得社會各界的支援，需要經常拋頭露面與各方面人士接洽和商談，因此，互濟總會的工作在當時白色恐怖的環境下具有極大的風險。由於鄧中夏曾在上海工作過相當長一段時間，認識他的人多，極易暴露身分，因此很多同志都勸他要注意隱蔽，儘量不要去公開場合。鄧中夏卻說：「同志們，考慮到當前的鬥爭環境，我們是要善於隱蔽，這對於保存我們的力量是有利的，對於我們更好更有效地工作也是有利的。善於隱蔽固然重要，但絕不能因為需要隱蔽、為了安全而耽誤工作並失去與群眾的聯繫，這會讓我們毫無作為，會讓我們失去一個革命戰士應有的作用。」有一個來自蘇區的同志，不願意做互濟會的工作，向鄧中夏提出他要回蘇區去、回到紅軍中去。鄧中夏說：「蘇區與紅軍的工作固然重要，但白區鬥爭也是不可缺少的。互濟會既然是最危險、最困難、別人都不喜歡的崗位，那麼經得起考驗的同志就應該義不容辭地站上去！」這固然是鄧中夏對同志的說服教育，更是他自己堅強黨性與迎難而上鬥爭意志的直接體現。

一九三三年五月十五日，鄧中夏去找互濟總會援救部部長林素琴商談工作，突然遭到法租界巡捕逮捕。但法租界巡捕只為林素琴而來，他們並不知道鄧中夏的真實身分。鄧中夏被捕後，敵人懷疑他是共產黨的重要幹部，於是便施以酷刑，將鄧中夏打得遍體鱗傷。但鄧中夏堅稱自

己是一名住在湖南的普通教員，名叫施義，此次來滬亦只是平常的尋親訪友。

鄧中夏被捕後，互濟總會立即展開營救活動，並將這一消息報告給中國民權保障同盟主席宋慶齡，請她設法從中轉圜解救鄧中夏。宋慶齡深感事關重大，專門約民主鬥士、「愛國七君子」之一史良律師到自己家裡，和她商量如何營救鄧中夏。經過商議，宋慶齡和史良達成共識，那就是絕不能讓國民黨將鄧中夏引渡到南京去。案件開庭之日，鄧中夏堅稱自己是來滬探親訪友的湖南教員施義，意外被捕純是因為人生地不熟走錯了房間，並當庭控訴無故遭巡捕毆打。史良亦援法據理力爭，最終，法庭判處鄧中夏五十二天徒刑，並可交保釋放。但林素琴由於已被國民黨特務跟蹤多日，掌握了她的一些情況，被移送到國民黨上海市公安局。林素琴落入國民黨之手後，很快就叛變了，鄧中夏的真實身分因此暴露。在蔣介石的直接干預下，鄧中夏被解往南京，關押在憲兵司令部。

抓捕到鄧中夏這樣的「大人物」，敵人大喜過望，決定以禮待之，希望能夠通過招降鄧中夏來分化革命隊伍。首先，敵人派鄧中夏昔日同事，曾任中共駐共產國際代表的叛徒余飛前來勸降。余飛本欲勸降鄧中夏為敵人再立一功，未料被鄧中夏面斥其奸落荒而逃。一計不成，敵人再生一計。他們利用鄧中夏曾被王明殘酷打擊的事實，挑撥離間其與黨組織之間的關係。鄧中夏對此嚴詞駁斥：「我要問你，一個害楊梅大瘡到第三期已無可救藥的人，是否有權利去譏笑偶感風寒咳嗽的人？我們共產黨人從不掩蓋自己的缺點和錯誤。而你們呢？背叛革命，屠殺人民，你們還有臉來指責別人的缺點錯誤，真是不知人間有羞恥事。」敵人還不死心，他們又派了一個所謂的「理論家」，妄圖從理論上擊潰鄧中夏。鄧中夏與之激辯，「理論家」被批得體無完膚，鄧中夏說：「請告訴你們的中央委員，假如你們認為自己是有理的，中共與鄧中夏是有

罪的，那麼，就請你們在南京舉行一次公開的審判。你們的全體中央委員都可以出席，我的辯護律師可由我自己擔任。最後，誰若在事實面前被說得情虧理輸，便要自動宣布向對方投降。」最後，鄧中夏輕蔑地說：「量你們的蔣委員長第一個便不敢這樣做。」

敵人見「禮遇」難以動其心，遂決定用刑使鄧中夏屈服。但無論敵人使出何種歹毒的手段，都不能從鄧中夏口中獲得片言隻語。敵人氣急敗壞地大吼：「你這樣強硬，難道是不想出去了嗎？」鄧中夏凜然而答：「我沒有進來之前，倒是想到有一天會進來的。現在進來了，卻從未想到要出去。」從審訊室回到牢房後，鄧中夏忍著劇痛在牆壁上寫下：「但看十年後，紅花遍地開。」又給中央寫下最後一封信：「同志們，我快要到雨花臺去了，你們繼續努力奮鬥吧！最後勝利終究是屬於我們的！」

一九三三年九月二十一日清晨，行刑的囚車開進憲兵司令部的院子，鄧中夏知道犧牲的時候到了。他從容地穿好衣服，義無反顧地徑直走向囚車。隨車而來的軍法官問他還有什麼話要說，他轉身看了看押送他的憲兵，對他們說：「對你們當兵的人，我倒有一句話說，請你們睡到三更半夜時好好想一想，殺死了為工農大眾謀福利的人，為人民求翻身的共產黨人，對你們自己有什麼好處？」軍法官氣得大叫，他沒有想到在這生命的最後一刻，鄧中夏依然在進行著他那偉大的革命宣傳工作。鄧中夏走上囚車，眼神裡透過一絲輕蔑：「你們害怕了！總有一天，當你們的士兵覺悟過來的時候，你們的末日也就到來了！」

鄧中夏犧牲了！他的一生，是革命的一生，戰鬥的一生。雖然鄧中夏只走過了短短三十九年的人生歷程，但他對黨和人民的無限忠誠，對共產主義事業的堅定信念，在敵人面前不屈不撓、視死如歸的英雄氣概，將永遠激勵著今天的每一位共產黨人。鄧中夏為黨的事業和民族解放英勇奮鬥的一生，永載史冊，長留人間！

陳樹湘：
斷腸就義的紅軍師長

萬一突圍不成，誓為蘇維埃新中國流盡最後一滴血！

——陳樹湘

陳樹湘（1905-1934），湖南長沙人，一九二
二年秋加入中國社會主義青年團。一九二七年九
月參加秋收起義，不久加入中國共產黨。一九三
一年後，歷任紅十二軍團長、紅十九軍五十六師
師長、紅五軍團三十四師師長等職。一九三四年
十二月完成掩護中央紅軍主力渡過湘江的任務
後，率部突圍過程中戰鬥失利，犧牲於湖南道
縣，時年二十九歲。

苦難的童年

陳樹湘，原名陳樹春，一九〇五年一月三十日出生於湖南省長沙縣
一個貧苦的佃農家庭。他的父親陳建業和母親都是老實巴交的農民，一
年到頭辛苦勞作，但依然難以養活兩個子女。陳樹湘五歲時，母親因病
無錢醫治而逝世。父親看著骨瘦如柴的陳樹湘和剛滿兩歲懵懂無知的女
兒，心痛萬分。那是一個窮人連自身也養活不了的悲慘時代，更別說帶
著兩個孩子的陳建業。因此，沒過幾年，實在生活不下去的陳建業被迫
將年幼的女兒送到別人家去做童養媳。這時，陳樹湘雖然只有八歲，但

也開始到地主家當起長工來。後來家鄉大旱，陳樹湘因為年幼不能幹重活，被地主趕了出來。為了活命，陳樹湘跟著父親逃荒到了長沙。幸運的是，他們偶然遇到了幾個在長沙賣菜討生活的族人。於是，陳樹湘和父親一起跟著族人做起了種菜、賣菜的營生。雖然起早貪黑生存艱難，但總算暫時安定下來了。

一九一九年五四運動爆發後，愛國的熱潮很快蔓延到長沙。長沙的青年學生們紛紛組織起來走上街頭，演講宣傳、遊行示威，工人、市民也積極參與其中，整個長沙城被濃濃的愛國情緒包圍。這時，陳樹湘已經十四歲，多年的苦難成長經歷讓他養成了嫉惡如仇的性格。雖然自己只是一個整日為生計奔波的賣菜少年，但列強的欺凌、政府的軟弱深深地刺激了他，他毅然決然地參與到抵制日貨、懲治奸商的鬥爭中去。

一九二一年，中共湘區委員會在長沙辦起文化書社、湘江補習學校，陳樹湘賣菜之餘常去那裡學習。在這裡，他不但認識了毛澤東，也先後聽過何叔衡、李維漢、滕代遠、夏明翰等人講課。經過學習，陳樹湘不但可以讀文識字、有了一定的知識基礎，而且革命意識也逐步樹立起來，經常在夜校做一些簡單的教學工作。一次，陳樹湘在夜校教工人們學習識字，有個工人有感而發頗為哀怨地說：「大家看看，別的不說，單看咱們工人這個『工』字，上有天下有地，咱們工人在中間被牢牢地禁錮束縛，永遠沒有出頭之日啊！」一聽此言，其他的工人紛紛點頭表示贊同：「就是就是，工人就是個窮命！誰讓咱生來就是這個不值錢的命呢！」說罷，工人們一個個低垂著頭，整個教室充滿著傷感的氣息。「不對！」陳樹湘一聲響亮的話讓工人們都抬起了頭。「大家看，這是什麼字？」陳樹湘邊說邊走到黑板前，寫下一個「土」字。「這是『土』字，我們認識。」一個工人大聲說道。「對！這就是『土』字。剛才誰說工人沒有出頭之日，這不是出頭了嗎？」聽了陳樹湘的話，工人們若有所悟地點起頭來。看大家有所領悟，陳樹湘接著說，「工友

們，出頭不是我們的目的，如果在土上再加一橫，就是個『王』字，『王』字上再加一點，就是『主』字。最終，我們都要做自己的主人，做這個國家的主人。」教室裡響起熱烈的掌聲，工人們的情緒被調動起來，大聲地喊道：「我們要做主人！工人萬歲！」

一九二二年，黨組織委派夏明翰組織長沙人力車工人罷工鬥爭。考慮到陳樹湘出身貧苦、鬥爭意識強，又善於團結人，毛澤東專門將陳樹湘介紹給夏明翰做助手。當時，人力車工人們曾經舉行過幾次鬥爭，但都失敗了，所以大家的情緒比較低落。夏明翰與陳樹湘一起挨家挨戶走訪人力車工人，鼓動大家再次起來鬥爭。有個老工人說：「幾年前，我們也罷過工，有什麼用處呢？沒任何用處！」「現在不一樣了！」陳樹湘聽了之後說：「現在我們有黨的領導，別處的工人也會支援我們大家的。」聽陳樹湘講完，夏明翰看著老工人笑著說：「這位工人大哥，你知道這位小兄弟以前是做什麼的嗎？他以前是賣菜的。你看，他現在放下他的菜挑子來為人力車工人的鬥爭出力，你說我們的鬥爭還不會勝利嗎？！」老工人高興地說：「那我就放心了！我這就去聯絡大家一起鬥爭！」在夏明翰與陳樹湘的努力發動下，長沙人力車工人於十月八日實行全城罷工，並舉行了要求減少車租的聲勢浩大的遊行示威。最終，人力車工人的車租獲准削減一半。經過這次鬥爭，陳樹湘更加堅定了窮人只有團結才有出路的信念。

此後，陳樹湘相繼參加了長沙群眾要求收回旅大示威遊行、驅逐反動省長趙恆惕等鬥爭，還參加了平糶鬥爭。通過參加這些鬥爭，陳樹湘進一步認清了舊社會的黑暗，他的革命意志更加堅定不移。一九二五年，經周以栗、滕代遠介紹，陳樹湘正式加入中國共產黨，開始了新的鬥爭歷程！

戰鬥中成長

　　一九二七年，「四一二」反革命政變爆發。不久，長沙也發生反革命叛亂，反動軍官許克祥在長沙大肆捕殺共產黨人。陳樹湘逃離長沙，輾轉來到武昌。當時，毛澤東也在武昌，當毛澤東徵求陳樹湘今後打算如何開展鬥爭時，陳樹湘憤憤地說：「這次敵人突然對我們展開大屠殺，而我們沒有還手之力，根本原因是沒掌握部隊。因此，我打算到部隊去，爭取為黨掌握一定的武裝。」毛澤東聽後深以為然，他沒想到這個當年長沙的小菜農如今居然有了這麼深刻的認識。

　　經黨組織安排，陳樹湘進入武漢國民政府警衛團的一個新兵營。這個營是中國共產黨掌握的一支武裝力量，陳樹湘一入伍就被任命為班長，不久又升任排長。七月下旬，警衛團開拔赴南昌準備參加八一起義，但未到南昌即獲知起義部隊已撤離，遂駐軍修水縣城休整。九月，陳樹湘所部參加了毛澤東領導的秋收起義。秋收起義最開始進展順利，但後來失利，部隊犧牲很大。為建立精幹堅強的革命武裝，毛澤東在三灣對部隊進行了改編，所有起義部隊整合後縮編為一個團，即中國工農革命軍第一軍第一師第一團，轄一、三兩個營。三灣改編後，部隊行軍途中被敵人衝散，毛澤東率一營直接上了井岡山；陳樹湘所在的三營南下桂東，與朱德所部會合。此後，陳樹湘隨部隊幾上幾下井岡山，積極參加戰鬥。一九二八年四月，朱毛會師，部隊整編，陳樹湘被編入中國工農紅軍第四軍第三十一團三營，任七連連長。在毛澤東「既要會打圈，又要會打仗」的戰略指導下，陳樹湘經常率部下井岡山進行游擊作戰，取得不少戰果。

　　一九二八年七月，紅四軍組建特務連，陳樹湘因為過硬的政治素質與軍事素質，被選任為特務連連長。十月，特務連擴編為特務營，陳樹湘任特務營黨代表。這一時期，敵人對井岡山發動第一次「圍剿」。陳

樹湘奉命率部參加保衛井岡山根據地的戰鬥，不但打退了敵人的進攻，還擴大了根據地。在戰鬥中，特務營俘虜了很多國民黨士兵。有的戰士認為這些俘虜兵在進攻井岡山根據地時做了很多壞事，有的可能甚至屠殺過紅軍戰士和老百姓，因此要求嚴懲。陳樹湘卻說：「毛澤東同志反覆教導我們要優待俘虜，為什麼呢？一者優待俘虜是我們紅軍的優秀本色，有利於瓦解敵人；二者這些俘虜兵也是貧苦人家的子弟，只不過因為被敵人裹挾而幹了一些錯事。現在，他們到了井岡山，我相信，他們親身接觸感受了根據地的生活後，一定會改過自新的，甚至會成為紅軍隊伍堅強的一員。」在陳樹湘的帶動下，特務營的戰士們與俘虜兵一對一結對子開展教育感化，在紅軍戰士的引導幫助下，俘虜兵們普遍進步很快。很多俘虜兵主動要求參加紅軍，而且在戰鬥中表現勇敢，成長為紅軍骨幹分子。

一九二八年十二月，敵人發動對井岡山的第三次「圍剿」。為粉碎敵人的進攻，毛澤東、朱德率領紅四軍主力向贛南、閩西進發，藉以牽制敵人並尋機在運動中將其殲滅。當時，正值寒冬，紅軍被服短缺，每日又要急行軍數十公里，因此很多戰士都凍傷了。陳樹湘帶領特務營隨紅四軍軍部行動，他在行軍時經常振奮昂揚地走在前面，每當休息的間隙就組織特務營的黨員骨幹在各自所在的連、排開展談心談話活動，凝聚軍心鼓舞士氣。紅軍的運動給敵人造成錯覺，他們誤以為紅軍在「潰逃」，遂大搖大擺地追上來。毛澤東將計就計，正月初一日在大柏地設伏，擊潰敵一個師，俘虜團長以下八百餘人，繳獲大批武器輜重，有效解決了紅軍給養不足的問題。之後，紅四軍又在長汀消滅敵一個旅，並佔領了長汀縣城。一九三〇年一月，紅四軍主力赴贛南後，陳樹湘接受毛澤東的命令任新組建的汀（長汀）連（連城）獨立團團長，率部在長汀一帶開展游擊戰爭。此後直到一九三三年初，陳樹湘一直戰鬥在閩西，先後任福建省軍區第七、九師師長，紅十九軍五十六師師長。

一九三三年六月，為支援中央蘇區第四次反「圍剿」作戰，紅十九軍按照精幹有力的原則，將部隊縮編為紅三十四師，下轄三個團，陳樹湘任一○一團團長。在中革軍委的統一指揮下，陳樹湘率部連續作戰，配合紅軍主力先後取得泉上、朋口大捷，開闢了幅員遼闊的新蘇區。

絕命後衛師

一九三三年九月，敵人對中央蘇區發動第五次「圍剿」。這時，毛澤東被排斥在領導核心之外，以博古、李德為首的「左」傾教條主義者掌握著紅軍的指揮權。他們拋棄在之前歷次反「圍剿」中已被證明是正確戰略戰術的運動戰，企圖以機械的陣地戰、堡壘戰打破敵人的進攻，結果恰恰正中敵人的下懷。於是，不過數月的時間，中央蘇區就損兵折將、丟城失地，陷入極端危險的境地。由於被迫執行錯誤的戰略戰術，陳樹湘所在的紅三十四師在戰鬥中損失極大，師長、參謀長、政治部主任先後負傷。中央蘇區北大門廣昌失守後，中革軍委任命陳樹湘為紅三十四師師長，率部堅守泰寧。之後，紅三十四師先後參加了一系列戰鬥，大都以失敗而告終。他曾痛苦地說：「第五次反『圍剿』，敵我力量對比並不比前四次嚴重，可是卻總是失敗。英勇的紅軍戰士在敵人的堡壘跟前成排成連地犧牲，這是『短促突擊』造成的惡果啊。紅軍要想勝利，就必須改變這錯誤的指揮！」

一九三四年十月，經過一年苦戰的中央紅軍被迫撤離瑞金，開始長征。當時，「左」傾教條主義領導者依然對形勢判斷失誤，結果把事關黨和紅軍生死的戰略轉移變成了大搬家，攜帶了很多笨拙沉重的桌椅傢俱乃至工廠機器。中央紅軍主力的行進速度因此被嚴重拖累，長征初期甚至每日行軍不過一二十里。敵人很快尾追上來，給紅軍主力的安全構成嚴重威脅。在這關鍵時刻，陳樹湘率領的紅三十四師奉命擔負起阻敵

追擊的任務。陳樹湘深知責任重大，為了振奮軍心，他專門召開全師戰士大會。在會上，他面對數千戰士鬥志昂揚地講道：「同志們，中革軍委命令我們紅三十四師為整個紅軍隊伍的後衛，堅決阻擊尾追之敵！大家有沒有信心完成任務？」「有！」全師戰士的吼聲驚天動地。看到戰士們信心十足，陳樹湘接著說：「同志們，尾追之敵都是敵人的精銳部隊，我們肯定有很多硬仗要打。大家怕不怕犧牲？」戰士們異口同聲地說道：「不怕犧牲！紅軍必勝！」

誓師大會後，陳樹湘立刻率領全師戰士趕到指定位置，擔負起全軍後衛的重任。毛澤東曾說：「長征初期採取的戰術是打狗戰術。紅三十四師邊打邊走，走在後頭。」敵人在中央紅軍長征的路上設置了四道封鎖線，前三道封鎖線被紅軍順利突破。氣急敗壞的敵人很快依託湘江設置了第四道封鎖線，妄圖讓紅軍重蹈「石達開兵敗大渡河」的覆轍。這時，對於紅軍而言，前有湘江阻隔，後有重兵追來。而渡過湘江對於人數達八萬之眾的中央紅軍而言，需要相對充裕的時間，這就必然給後衛部隊帶來極大的壓力。紅五軍團參謀長劉伯承專門找到陳樹湘，嚴肅地說：「陳師長，三十四師在突破前三道封鎖線的過程中圓滿完成了後衛任務，但隊伍也有一定的損失。現在，紅軍主力要過湘江，後衛的壓力更大了。你們有沒有信心繼續擔任全軍後衛？」「報告劉參謀長，三十四師有信心完成任務！」陳樹湘堅定地說。看到陳樹湘的表態，劉伯承高興地說：「這個擔子很重！等渡過湘江，我給你們慶功！但是，敵人在地面上對我們圍追堵截，天上又有飛機盤旋轟炸，形勢是萬分險惡的。你們走在全軍最後，因此一定要有被敵截擊孤軍作戰的思想準備。」陳樹湘神色凝重地說：「請首長放心，三十四師全體戰士始終心向黨和紅軍，一定不辜負軍委賦予我們的光榮使命！」

十一月二十七日，紅軍主力開始強渡湘江，至十二月一日，紅軍主力渡過湘江。在這最為艱苦的五天裡，陳樹湘率部與數倍於己的敵人鏖

戰，為紅軍主力贏得了寶貴的渡江時間。然而，紅三十四師也付出了巨大犧牲，全師損失嚴重。更為不幸的是，渡江浮橋被炸毀，紅三十四師陷入孤軍作戰的絕境。此後，陳樹湘組織部隊幾次尋找渡江機會，均被敵人優勢兵力阻擊，未能成功。

這時，敵人將未能消滅紅軍主力於湘江之畔的怒火全部撒到紅軍的這支後衛師身上，出動大批部隊圍堵紅三十四師。至十二月三日，紅三十四師政委程翠林、政治部主任張凱，第一〇〇團政委侯中輝、第一〇一團團長蘇達清與政委彭竹峰、第一〇二團政委蔡中相繼犧牲，全師從四千三百餘人銳減至八百餘人。面對優勢敵人，陳樹湘召集黨員幹部開會，決定向湘南突圍，萬一突圍不成，誓為蘇維埃新中國流盡最後一滴血。十二月九日，陳樹湘率餘部兩百多人返回湘南；十一日，陳樹湘率部進至江華，搶渡牯子江。但渡江途中突遭敵保安團阻擊，陳樹湘腹部中彈。渡江後，陳樹湘忍痛紮緊皮帶壓住傷口，戰士們製作了簡易擔架，抬著他趕緊轉移。但敵人緊追不捨，看著戰士們一個接一個倒下，陳樹湘大喊：「把我放下！這樣會拖累大家的！」戰士們說：「師長，即便全部犧牲，我們也絕不會拋下你。」「糊塗！」陳樹湘生氣地說：「我們是要搞革命，但絕不能作無謂的犧牲！要盡可能地保留革命的火種！我命令你們把我放下，儘快突圍！」說罷，陳樹湘掙扎著想從擔架上翻下來。戰士們不由分說，把陳樹湘死死按在擔架上，抬著他一路邊戰邊撤。

十二月十三日，戰士們抬著陳樹湘路經道縣馱馬橋時，被國民黨道縣保安團攔擊。抬擔架的兩個紅軍戰士不幸中彈，陳樹湘翻倒在路邊田溝。警衛員要架起他撤退，被他一把推開。這時紅三十四師參謀長王光道衝到陳樹湘身邊想帶他一起突圍，陳樹湘拉著王光道的手說：「我現在的情況不可能隨隊撤離！我掩護，你趕緊帶領同志們衝出去！」王光道眼含熱淚，不得不帶領僅餘的數十人突圍而去。完成掩護任務後，陳

樹湘在警衛員的攙扶下，邊戰邊退，躲進馹馬橋附近的洪都廟，依託廟宇的掩護繼續向敵射擊，最後因彈盡援絕、失血過多陷於昏迷而被俘。

敵人得知抓到了一個紅軍師長，欣喜異常，他們立刻找來擔架將陷於昏迷的陳樹湘送到位於馹馬橋的一個藥店，這是國民黨道縣保安團第一營營長何湘的臨時指揮所。

何湘見到陳樹湘如獲至寶，他感到自己升官發財的機會來了。但看著陳樹湘身穿破破爛爛的軍裝，與普通紅軍戰士毫無二致，何湘心裡犯起了嘀咕，他不確定這到底是不是個紅軍師長。這時，由於路上的顛簸，陳樹湘甦醒了過來。看到陳樹湘傷情嚴重，何湘假惺惺地問道：

「你吃飯沒有？」

「沒有。」

「你是師長？」

「我是師長，叫陳樹湘。」

確認了陳樹湘的身分，何湘頓時興奮起來。他不能眼看著陳樹湘重傷而亡，他想要一個「活捉」紅軍師長的「威名」。想到這裡，何湘立刻安排傳令兵準備飯菜，傳令兵報告說沒有菜，何湘又叫傳令兵去買蛋。

這時，陳樹湘用微弱的聲音說：「我不用飯。」

何湘又問：「你在江西打過不少仗吧？」

陳樹湘臉上露出輕蔑的表情，使勁舉起一隻手指著身上的累累傷痕說：「我在江西大小經過數百仗，受了十幾處傷。」

何湘接著問：「你這次帶到湖南的紅軍有多少？」

「滿湖南都是！」這是陳樹湘對敵人說的最後一句話，說完，他又昏迷了過去。

第二天一早，邀功心切的何湘帶人抬著陳樹湘趕往道縣縣城。半路上，從昏迷中甦醒過來的陳樹湘聽說敵人要把他送往長沙請賞，乘敵不

備，把手伸進腹部傷口，用盡最後的力氣把腸子扯出絞斷，壯烈犧牲！

陳樹湘的犧牲是紅軍戰史上壯烈的一幕！他以常人難以想像的方式，以世間罕有的膽魄，以一種極其悲壯的方式實踐了自己「為蘇維埃新中國流盡最後一滴血」的豪邁誓言，書寫了一名優秀共產黨員和英勇紅軍戰士的光輝戰鬥歷史！中國共產黨與中國革命，之所以能克服一個又一個困難，越過一個又一個險阻，始終從勝利走向勝利，就是因為有無數個陳樹湘般的革命者的奉獻犧牲！陳樹湘雖然犧牲了，但他的精神不死、英魂永存！

劉伯堅：
我黨我軍政治工作第一人

弟為中國革命犧牲毫無遺恨，不久的將來，中國民族
必能得到解放，弟的熱血不是空流了的。

——劉伯堅

劉伯堅（1895-1935），四川省平昌縣人。一九二二年加入中國共產黨，先後任中央革命軍事委員會祕書長、紅五軍團政治部主任等職，領導建立了紅軍政治體制，毛澤東譽其為「我黨我軍政治工作第一人」。一九三五年三月二十一日在江西大庾英勇犧牲，時年四十歲。

心向革命的農家少年

劉伯堅出生於四川省平昌縣一個貧苦的農民家庭。他的父親劉貴顯、母親苟繼顯都是忠厚老實的莊稼人，勤勞樸實為人和善。雖然家境貧寒，但父母仍竭盡全力供劉伯堅入學讀書。劉伯堅六歲入學，先到龍崗寺讀私塾，後進入國民小學，十歲時又轉到位於苟家坪的苟俊生書館就讀。一九一二年，劉伯堅入讀金山寨高等小學，在此期間，他的刻苦學習得到大家的一致認可。高等小學畢業後，劉伯堅打算投考巴中縣立中學。但在那個農民沒有地位、社會極度不公平的年代，一個農民的孩子要想讀中學面臨重重的困難。首先一條，就看家裡是否有田產。有，

可以報考；無，則連報考的資格都沒有。劉伯堅的家庭原本十分貧寒，父母又是老實巴交的農民，田產──這個幾千年來壓在中國農民心頭的石頭，再一次成為劉伯堅求學路上的攔路虎。但看著聰明上進的兒子，劉伯堅的父母實在不忍就此斷送孩子的前程。他們想盡法子籌錢借款，終於買下數畝薄田取得田契，讓劉伯堅有了報考的資格。劉伯堅不負父母所望，順利考取中學。但此事在劉伯堅的內心留下了深深的傷痛。他不明白為什麼沒有田產就連報考中學的資格都沒有，他想不通為什麼農民就這樣要被莫名地刁難欺侮。但經過此事，他明白了，這個不公的社會必須改變，中國農民應該過上有尊嚴的生活。革命的種子，就此在少年劉伯堅的心中萌芽、生發！

自身的經歷，使得劉伯堅天然地對貧苦的農民充滿同情。有一次，劉伯堅路遇一位因家人重病無錢醫治而沿街乞討的老大娘，雖然自己也是身無分文，但他立刻找朋友借了兩塊銀圓贈予老大娘，讓她去請醫生救治家人。還有一次，他路過一戶人家，進去討水喝時發現這戶人家已斷糧多日，他立即回家從自己家本來就不寬裕的口糧中取來糧米，送給這戶人家。雖然生活在黑暗的時代，但他依然希望這個社會是一個人人平等、人人友愛的社會，他經常對認識與不認識的人講道理：「一個人不要欺窮，不要看不起人家吃得不好、穿得爛。人窮不由命，一定要尊重窮人，尊老愛幼。」他最憎惡人壓迫人的舊社會，並敢於做堅決的反抗。當時，每一個地方都有團防局，名義上負有保境安民的職責，實際上其所作所為恰恰與之相反。團防局往往被土豪劣紳把持，貧苦的農民則成為其敲詐勒索的對象。劉伯堅對此十分不滿，為表示反抗與不滿，他大白天打著燈籠在團防局門口踱步。周圍人頗覺詫異，紛紛追問其故。劉伯堅說：「這個社會太黑暗了，白天如同黑夜，唯有打起燈籠才能得著些許光明。但我相信，這樣的社會，在不遠的將來一定會滅亡。」

一九一九年，五四運動爆發。國權的淪喪、反動賣國政府的無能，使劉伯堅更加堅定了改變舊社會的信念！他決定走出四川，甚至於走出中國，去世界上尋找救國救民之路。

從旅歐學生到兵運奇才

一九二〇年六月，劉伯堅經上海乘船赴法國勤工儉學。當時的法國，受俄國十月革命的影響極大，馬克思、列寧的著作公開發行售賣。這對正處於思想迷茫、苦於難以尋得救國救民道路的劉伯堅而言，不啻於茫茫沙漠中尋得綠洲、久旱之後得降甘霖。他廢寢忘食地閱讀了《共產黨宣言》《資本論》《國家與革命》等馬列經典著作，終於認識到欲使中國獨立富強，非十月革命的道路無以達之。一九二二年，劉伯堅正式成為一名光榮的共產黨員。一九二三年，經組織安排，劉伯堅進入莫斯科東方勞動大學學習。也正是這一段經歷，使劉伯堅不經意間走上軍隊政治工作這條路，並成長為兵運奇才。

一九二六年，馮玉祥赴蘇考察，劉伯堅按共產國際的安排負責接待事宜，並乘機爭取馮玉祥支持革命。馮玉祥非常器重劉伯堅，向共產國際提出要求，派劉伯堅隨他回國負責西北軍政治工作。同年八月，劉伯堅隨馮玉祥回國，任西北軍政治部副部長。劉伯堅在西北軍中的政治工作是卓有成效的，他兢兢業業，構建了自上而下的政工系統，與廣大戰士建立了深厚的友誼。馮玉祥在《我的生活》一書中對此曾有詳細記載：「至於政治部，則有劉伯堅主其事。劉伯堅係蘇聯東方大學畢業，為共產黨員，辦事極有精神。他自己每日工作十八小時，整日孜孜不倦，真是眠食俱廢，故工作有特殊成績。部屬同事間對之深為信仰敬佩，我不能因為他是共產黨，就抹殺事實，說他不好。因為，是為是，非為非，劉確實有熱心，有毅力，有才幹，有卓著的工作表現，我即無

法不欽佩他。」

一九二七年「四一二」反革命政變後，馮玉祥投靠蔣介石轉而清共，但懾於劉伯堅在軍中的威望，馮玉祥不僅不敢殺他，反而決定贈其大洋四百禮送出境。於是，劉伯堅被迫離開西北軍前往武漢。一九三〇年，劉伯堅赴中央蘇區工作，任中革軍委祕書長。在中央蘇區工作期間，劉伯堅利用自己多年積累的人望，促成了寧都起義這一舉世震驚的壯舉。寧都起義的主力是國民黨二十六路軍，這麼大的一支隊伍全軍起義加入革命，且發生於革命處於低潮、甚為困難的時期，時至今日亦是人們津津樂道、百思不得其解的事情，更遑論當時力量對比異常懸殊的國共雙方。而這一奇蹟的發生，實與劉伯堅有著密不可分的關係。

一九三一年三月，為「圍剿」中央蘇區，蔣介石調原係西北軍的二十六路軍入贛參戰。但此時國內形勢最緊迫的問題卻是日本對華的不斷挑釁、蠶食，二十六路軍將士普遍要求停止內戰一致對外，均遭蔣介石駁回。九一八事變後，蔣介石依然頑固地進行內戰，引發二十六路軍內部的激烈反對；二十六路軍一度逕自脫離「剿共」戰場，但終被蔣介石堵回。此事的發生，更加激發了大家的反抗情緒。有的團長說：「在這裡逗留真沒意思，不如帶人上山去。」還有的團長公開說：「我要帶我的人當紅軍去。」普通士兵則更是如此，他們對曾在西北軍中任職政治部副部長、現在紅軍中擔任要職的劉伯堅報以極大期望，希望能在他的領導下找到一條出路。

當時，二十六路軍由董振堂、趙博生指揮，他們派人前往上海與中共中央軍委負責兵運的朱瑞建立聯繫，並經中央軍委同意後在二十六路軍中建立了祕密黨支部。但不幸的是，就在二十六路軍緊鑼密鼓謀劃起義的過程中，中共在南昌的一個地下交通站被敵人破壞。敵人萬萬沒有想到，二十六路軍中居然已經建立起中共的祕密黨支部。蔣介石獲報後立刻給主持二十六路軍工作的總參謀長趙博生發電：「二十六路軍總指

揮部嚴緝劉振亞、袁漢澄、王銘伍三名共產黨員，星夜送南昌行營懲處。」趙博生一面向蔣介石回電「遵令即辦」虛與委蛇，一面立刻派人前往蘇區與劉伯堅接洽起義事宜。由於劉伯堅素與西北軍熟悉，中央軍委決定由他全權負責起義事宜。一九三一年十二月十四日，二十六路軍全軍一萬七千餘人宣布起義，正式加入了紅軍。劉伯堅親自帶人前往蘇區邊界迎接，起義軍中很多人興奮地大喊：「我們的劉部長接我們來了！」劉伯堅激動地說：「昨天晚上，我一夜都沒睡著覺，我真替你們擔心。列寧講過，暴動的時機成熟了，一分鐘也不能延誤，現在我們勝利了。」

寧都起義是劉伯堅兵運工作的巔峰，更是其個人革命魅力、工作效率的集中體現。寧都起義後，劉伯堅堅決抵制王明對二十六路軍不信任、「要兵不要官」、把隊伍打散分解到紅軍各部中的「左」傾教條主義錯誤做法，主張整體改編。事實證明劉伯堅的做法是正確的，在當時的環境下，整體改編對於穩定軍心起了至關重要的作用。在劉伯堅的堅持下，二十六路軍最終整體改編為紅軍第五軍團。這使中央蘇區的紅軍從之前的四萬餘人劇增為六萬餘人。原本駐紮在廣昌的國民黨軍因寧都起義而張惶失措慌忙逃竄，中央蘇區乘勢發展為佔地五萬平方公里，下轄二十一個縣兩百五十萬人口的最大革命根據地。

寧都起義成功了，但如何真正改造好這支隊伍，使其成為鐵一般的革命隊伍，依然是一個重要且緊迫的問題。二十六路軍之前長期是國民黨部隊，沾染有很多舊軍隊的習氣，一下子由白軍變成紅軍，很多人一時難以適應。二十六路軍屬於北方軍隊，對南方水土不服，也吃不慣江西的紅米飯；對於爬山路下水田等南方戰士習以為常的事物，也感到很不習慣；部分營團以上的幹部由於家庭出身的原因對紅軍中官兵一律平等的制度，對打倒地主均分土地的土地革命政策不太理解，思想上有抵觸情緒。面對這些複雜而又有現實背景的問題，劉伯堅迎難而上給予排

解。作為長期從事政治工作的領導人，他深知思想政治工作對於一支隊伍，特別是對於紅軍這一支工農革命軍的重要性。為此，他常常廢寢忘食地與起義軍官兵們作徹夜長談，從國內外形勢講到黨的路線方針政策，宣傳紅軍的宗旨和中國革命必勝的光明前途。許多原本心有疑慮的軍官聽過劉伯堅的談話後，堅定了永遠跟著共產黨紅軍走的決心。他們說：「要不是伯堅同志，我們當中許多人就很難在革命陣營裡待下去。」

特殊材料製成的共產黨員

寧都起義的成功，極大地刺激了敵人。蔣介石調集大批軍隊對中央蘇區展開了一次比一次更為強烈的「圍剿」。在第五次反「圍剿」中，紅軍作戰失利，中央被迫決定將主力紅軍撤出蘇區。為確保主力紅軍順利渡過於都河，劉伯堅奉命架橋。他克服重重困難架起浮橋，送走了一批又一批的戰友，自己卻留下來堅持戰鬥。葉劍英元帥在新中國成立後曾賦詩記錄此一感人場景：「紅軍抗日事長征，夜渡雩都濺濺鳴。梁上伯堅來擊築，荊卿豪氣漸離情。」主力紅軍實施戰略轉移後，蘇區紅軍力量大為減弱。但為牽制敵人，更好地掩護主力紅軍，蘇區軍民依然奮勇抗敵。然而，由於敵我力量過於懸殊，中央蘇區的形勢迅速惡化。

一九三五年二月，留守中央蘇區堅持鬥爭的中央分局以及贛南省委機關與部隊，被敵人圍困在於都縣南部山區，此時，給養困難、傷患增多，戰略迴旋餘地狹窄，紅軍陷入空前嚴重的危局。為了保存革命力量，項英、陳毅決定組織部隊分五路突圍，命劉伯堅率領所部負責斷後。成功完成阻擊敵人的斷後任務後，劉伯堅率部準備突圍到粵贛交界地帶繼續開展游擊鬥爭。但由於敵軍以五倍於紅軍的優勢兵力發動持續不斷的進攻，劉伯堅率領的紅軍遭受重大損失，贛南省委書記阮嘯仙壯

烈犧牲。至三月四日上午，劉伯堅率餘部突圍至牛嶺附近，為掩護政治部的紅軍小戰士們，劉伯堅不幸左腿負傷，昏倒於地。小戰士謝有才感於劉伯堅平日的關懷與戰場上的保護，不忍劉伯堅昏死戰場，雖身單力薄且連日征戰苦累不堪，依然使出全身力氣背著他走。劉伯堅醒來發現後，立刻堅定地對謝有才說：「小鬼，謝謝你！但不要背我。快衝出去要緊，多保存一個人，就是給革命多保存一分力量！」這時其他戰士發現劉伯堅負傷不能行走，立刻找來擔架，抬起他冒著槍林彈雨突出重圍，並在信豐塘鎮附近的山崗樹林中隱藏起來。不幸的是，敵人於次日拂曉循蹤而至，那間，槍聲大作，敵人從四面向小山崗圍攏而來。劉伯堅強忍著鑽心的腿痛，用手支撐著身體翻下擔架，對敵拔槍射擊。由於彈藥不濟，在射出最後一顆子彈後，劉伯堅不幸被俘。

劉伯堅被俘，敵人喜出望外。之前，懾於中國共產黨領導下紅軍的強大戰鬥力，蔣介石曾懸賞五萬大洋緝拿劉伯堅等紅軍領導人。因此，劉伯堅的被俘，對敵人而言不啻是一個天大的「喜訊」。被這個「喜訊」衝昏頭腦的敵人甚至做起了勸降劉伯堅、進而瓦解紅軍鬥志的美夢。敵軍一個團長對劉伯堅說：「識時務者為俊傑，以你這樣的才華，到哪裡不撈個師長軍長當當呢？！何必冒著殺頭的危險跟著共產黨做紅軍，要吃沒吃，要穿沒穿。」劉伯堅正色而答：「我幹革命就是順應歷史潮流，要幹革命就得犯危險。沒有危險就沒有革命；沒有犧牲就沒有工農大眾的解放！」敵團長一看劉伯堅如此決絕，又變換語氣說：「現在你們紅軍已經失敗，連毛澤東都已不知所蹤，你又何苦呢！不妨先暫時發布一個脫黨聲明，這樣你就可得到自由。」劉伯堅聽後不為所動：「紅軍的失敗是暫時的，我堅信，革命終將成功！」敵軍團長只得悻悻而去。事後，這個敵軍團長感歎：「劉伯堅這個人，真不愧是特殊材料製成的共產黨員！」

一九三五年三月十一日，敵人將劉伯堅從大庾縣監獄轉押至綏靖公

署。為從精神上擊潰劉伯堅，同時向老百姓展示「剿共」戰果，敵人故意選擇了一條人來人往、喧鬧繁華的大街。他們給劉伯堅帶上鐐銬，押著他從大街上穿行而過。敵人原以為在這樣一種場合，劉伯堅會自慚形穢甚至「心生悔意」。孰料對劉伯堅而言，這是他再一次近距離接觸親愛的鄉親們的大好機會，是他再一次展現共產黨人執著信念的大好機會，是他再一次展現紅軍指戰員錚錚鐵骨的大好機會。他從容鎮定，步履堅實，又好似閒庭踱步，瀟灑自若。腳鐐雖重，但難以扯低他高傲的頭顱。他昂首挺胸，目光如炬，敵人為之膽寒，百姓為之心傷。《帶鐐行》正是劉伯堅在此場景下創作的一首反映自己內心活動且膾炙人口的革命詩歌。其詩曰：

> 帶鐐長街行，蹣跚復蹣跚，市人爭矚目，我心無愧怍。
> 帶鐐長街行，鐐聲何鏗鏘，市人皆驚訝，我心自安詳。
> 帶鐐長街行，志氣愈軒昂，拚作階下囚，工農齊解放。

轉監當日，敵綏靖公署軍法處長周天民親自審訊劉伯堅。
周：「你為什麼加入共產黨？」
劉：「我看你們國民黨毫無治國救民的辦法，故加入共產黨，致力於土地革命。」
周：「你們共產黨有辦法，為什麼弄得現在一敗塗地？」
劉：「勝敗乃兵家常事，古人說：『野火燒不盡，春風吹又生。』只要革命火種不熄，燎原之火必然將漫天燃起。」
周：「你們的野戰軍西奔川黔的意圖是什麼？」
劉：「此次紅軍野戰軍出動川黔之意圖是，要擴大蘇維埃運動到全國範圍去，建立蘇維埃更大的新根據地。同時，號召和團結千百萬群眾實行民族革命戰爭。」

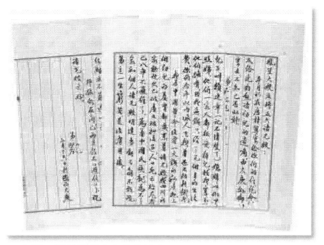

▲ 劉伯堅犧牲前給家人寫的遺書

　　以上是新中國成立後從敵人檔案中查尋到的審訊記錄。可這豈止是一份普通的審訊記錄，它更是一份紅軍將士的宣言書，是對敵人的政治判決書！寥寥數語，鏗鏘有力，一個堅毅、執著的共產黨人形象躍然紙上，讓後人讀到這份審判記錄時也不由自主地肅然起敬。

　　一九三五年三月二十一日是敵人殺害劉伯堅的日子。押赴刑場前，敵人抱著最後的僥倖心理詢問劉伯堅有無後事要辦，他們以為或許在生命之花行將凋零的前夕，劉伯堅會做出某種不一樣的選擇，但敵人希望的肥皂泡終究還是破滅了。面對敵人假惺惺的詢問，劉伯堅大義凜然地說：「有！第一，我要寫封家信，交代我的子孫後代要將革命進行到底！第二，我死之後要把我葬在梅關。」敵人不解地問：「為什麼要葬在梅關？」劉伯堅臉上閃過一絲不屑的笑容：「葬在梅關站得高望得遠，使我死後也能看到革命的烈火到處燃燒！」新中國成立後，曾任全國政協副主席的宋任窮上將曾回憶道：「劉伯堅這個人真了不起，快要上刑場了，還是那樣鎮定自若地寫家書，信上的字跡和筆劃，跟平時工作時的字跡和筆劃一模一樣，一點都沒有改變。」或許，今天生活在和

平年代的人們已經很難理解「視死如歸」這個詞的含義，但如果將歷史的鏡頭拉向一九三五年三月二十一日那個初春的正午，劉伯堅——這位英勇的紅軍將領正以他卓絕的風範生動演繹這個令人肅然起敬的詞彙。

劉伯堅犧牲了！但劉伯堅的革命精神始終激勵著後人！作為一名既忠於國家和民族、又為國家富強和民族解放嘔心瀝血獻出寶貴生命的紅軍領導人，他不僅給我們留下了許多使人淚下、催人奮進的革命故事，也為我們留下了膾炙人口、讓人感奮的壯麗詩文！他大無畏的英雄事蹟，永遠激勵著一代又一代的中國人！

方志敏：
黑牢裡鑄就不朽豐碑

敵人只能砍下我們的頭顱，決不能動搖我們的信仰！
因為我們信仰的主義，乃是宇宙的真理！

—— 方志敏

方志敏（1899-1935），江西弋陽人，一九二二年八月加入中國社會主義青年團，一九二四年三月加入中國共產黨。無產階級革命家、政治家、軍事家，傑出的農民運動領袖，土地革命戰爭時期閩浙皖贛革命根據地和紅十軍團的締造者。先後任贛東北省、閩浙贛省蘇維埃政府主席，紅十軍、紅十一軍政治委員，中共閩浙贛省委書記。一九三五年八月六日被敵人殺害，時年三十六歲。

踏上革命征途

方志敏，原名方遠鎮，乳名正鵠，一八九九年八月二十一日出生於江西弋陽九區漆工鎮湖塘村一個農民家庭。方志敏從小聰明好學，八歲入讀私塾，一年就讀完了別的孩子需要三年才能讀完的書，被先生譽為「奇才」。由於學業優秀，小小年紀的方志敏便名揚鄉里。當地有一名叫張念誠的劣紳，雖然瞧不起方志敏這些農民的孩子，但看到方志敏好學上進，便托人提親，想納方志敏為婿。方家上下均係淳樸的農民，不

願阿附土豪劣紳，以方志敏尚且年幼為藉口婉言拒絕。張念誠又欲收方志敏為義子，以圖控制，亦被方志敏拒絕。

十四歲時，因家境變化，方志敏輟學在家勞動，這讓他第一次親眼看到貧苦村民們的悲慘生活，「一塊小豬油，可以塗幾十回的鍋，整年不見肉面；不買鹽而吃淡菜；熱天不穿衣服，寧願讓太陽曬脫一身的皮；晚上不點燈，寧願摸黑；生病不吃藥，寧願病死；荒年就吃樹皮、草根、觀音土。租和債逼得緊時，就出賣兒子老婆，或吊頸投水而死。」這一幕幕慘景，讓他的內心焦灼不堪，他開始思考如何才能改變這不公的社會。十七歲時，方志敏考入弋陽縣立高等小學校。五四運動爆發後，方志敏帶頭組織同學們集會遊行，並當眾砸毀了自己日常使用的搪瓷臉盆、牙刷等日貨，以示愛國之忱。

一九一九年高小畢業後，方志敏考入江西省立南昌甲種工業學校。「甲工」校長趙寶鴻是一個貪污腐化的官僚，方志敏帶領同學們掀起「驅趙風潮」。趙寶鴻是一個老練的官僚，他一面勾結軍警彈壓，一面宣布提前放假，使得「驅趙風潮」只持續一週便消散了。經過此事，方志敏成為趙寶鴻的眼中釘肉中刺，必欲除之而後快。一九二一年秋，方志敏被迫離開「甲工」，考入位於九江的一所教會大學——南偉烈大學。在這裡，他讀到了英文版的《共產黨宣言》和《資本論》，思想開始轉變，並發起成立了馬克思主義研究小組。學習之餘，他創作小說和詩歌，藉以表達對舊社會的不滿。有一首題為《嘔血》的詩是這樣寫的：

> 我這般輕輕年紀，
> 就應該嘔血嗎？
> 呵，是的！
> 我是個無產的青年！

我為家庭慮，

我為求學慮，

我又為無產而可憐的兄弟們慮。

萬慮叢集在這個小小的心兒裡，

哪能不把鮮紅的血擠出來呢？！

在南偉烈大學校方看來，方志敏的種種做派及思想，均屬異端邪行。故而，他們處處刁難方志敏，而方志敏此時也因求學給家庭帶來嚴重的經濟負擔，因此內疚不已，於是，他決定退學，去做實際的革命工作。

一九二二年七月，方志敏來到上海，八月加入中國社會主義青年團。考慮到革命思想在江西的傳播還處於起步階段，亟需加強，方志敏主動要求赴江西開展工作。回到南昌後，方志敏聯合進步青年知識分子，創辦南昌文化書社，專門出售《馬克思全書》《列寧全書》等馬克思主義理論著作，以及《嚮導》《先驅》等革命書刊。不久，南昌文化書社的革命活動引起江西軍閥的注意，書社被查封，方志敏被迫離開南昌。一九二三年三月，方志敏到達南京。這時的方志敏，已不再是之前那個懵懂無知的少年，多年的艱辛求學經歷與加入共青團後的革命鬥爭經歷，讓他對舊社會的認識更加深刻。他在南京期間創作了詩歌《同情心》，一針見血地指出，剝削者「把快要死的孩子的口中的糧食挖出來餵自己的狗和馬；把雪地裡立著的貧人的一件單衣剝下來，拋在地上踐踏；他人的生命當饅餐，他人的血肉當羹湯，嚐著，喝著，還覺得平平坦坦」，因此，他們的心猶如「冰一般的冷，鐵一般的硬，爛果一般的爛」。這異常黑暗、腐爛透頂的社會，讓方志敏感到窒息，他要反抗，要砸碎這套束在勞苦大眾身上的枷鎖，他要加入革命的洪流，去做一個舊社會的掘墓者。一九二四年三月，方志敏正式加入中國共產黨。這是

方志敏生命中最重要的一天，他鄭重立下誓言：「共產黨員——這是一個極尊貴的名詞，我加入了共產黨，做了共產黨員，我是如何的引以為榮呵！從此，我的一切，直至我的生命都交給黨去了。」

縱橫閩浙贛

一九二五年五卅運動爆發後，在黨的領導下，方志敏參與組織成立反對帝國主義殘殺上海同胞的江西後援會。他積極部署安排募捐、查處仇貨等工作，組織罷課、罷工，領導示威遊行。由於勞累過度，他的肺病復發，以至吐血。但他「看到帝國主義在中國境內自由屠殺中國人民，心中憤激已極！」因此，凡是後援會的工作，他都盡全力去幹。由於勞累過度，他的身體愈發虛弱。他曾回憶道：「在這長期的祕密工作中，我的肺病更加加深了，更容易吐血了，走多了路吐血，睡晚了覺吐血，受了什麼激刺也吐血，進了好幾次醫院。但我仍然是幹而復病，病好復幹。」一九二五年冬，方志敏回到家鄉弋陽開展農民運動。他組織建立農民協會，帶領農民武力抗捐抗租，土豪劣紳為之膽寒。一九二六年十一月，方志敏領導成立江西農民協會籌備處。在他的積極推動下，至一九二七年二月，江西全省八十一個縣中有五十四個縣成立了縣農協，擁有會員三十八萬餘人。

一九二七年四月、七月，蔣介石、汪精衛先後發動反革命政變，華夏大地一時間血雨腥風，共產黨人被大肆捕殺，力量大減。面對空前危險的局面，方志敏鬥志不減：「殺了一個共產黨員，還有幾十幾百幾千幾萬個新共產黨員湧現出來，越殺越多，越殺越會頑強地幹！」八月中旬，南昌起義失敗的消息傳來，方志敏並不因此悲觀失望，他認為這不是中國革命的失敗，而是「城市革命之路」的失敗。他要走符合國情的「農村革命之路」，他回到家鄉發動農民，開展土地革命鬥爭。從整個

中國革命史來看，一九二七年是十分艱難的一年，白色恐怖異常嚴重、鬥爭環境十分險惡，但方志敏卻充滿著戰鬥的激情。他說：「為著主義的信仰，階級的解放，抱定了鬥爭到底的決心，所以生活雖然艱苦，而精神還是非常愉快的。愈艱苦，愈奮鬥！愈奮鬥，愈快樂！」

一九二七年十二月十日，在方志敏的領導下，弋陽縣、橫峰縣農民大暴動，持續時間達兩月之久。就此，方志敏走上武裝反抗國民黨統治的鬥爭之路。此後數年間，在他的領導下，經過艱苦鬥爭建立起了贛東北、閩浙贛蘇區。這塊蘇區橫跨贛東北、閩北、浙西、皖南四省，下轄三十二個縣級蘇維埃政權，人口有一百多萬，是全國六大蘇區之一。在一九三一年十一月召開的中華蘇維埃第一次全國代表大會上，中華蘇維埃共和國臨時中央政府授予方志敏紅旗勳章一枚，授予紅十軍全體指戰員獎旗一面。在一九三四年一月召開的中華蘇維埃第二次全國代表大會上，授予閩浙贛蘇區「蘇維埃模範省」的光榮稱號，這是當時全國蘇區中唯一獲此殊榮的省級蘇維埃政府。閩浙贛蘇區建設的成就，也可以從其對黨中央和中央蘇區的支援上反映出來。方志敏常對身邊的同志說：「中央蘇區大，人多開支大，經濟來源有限，我們要盡可能主動向毛主席、中央蘇區支援些金銀、軍需物資。」一九三一年，閩浙贛蘇區支援中央蘇區黃金六百五十兩；一九三二年一月，又送去黃金三百五十兩；一九三三年一月，調往中央蘇區的紅十軍給中央蘇區帶去了大量的金銀和物資，不久，方志敏又派警衛連送去金條兩箱、大洋四十八箱，有力地支援了中央蘇區。對此，周恩來、朱德非常高興：「方志敏同志不簡單，為中央蘇區解決了大問題！」毛澤東也對閩浙贛蘇區讚譽有加，稱其為「方志敏式根據地」，對方志敏在政權建設、土地革命以及擴大武裝力量方面的成績給予高度肯定。

閩浙贛蘇區百姓廣為傳唱的民歌《翻身謠》則以另外一種質樸直白的方式表達了對方志敏的熱愛：

從前開口唱山歌，沒有甜歌唱苦歌；
山歌越唱心越苦，哪有心思唱山歌。

如今開口唱山歌，苦盡甜來山歌多；
自從來了方志敏，翻身窮人愛唱歌。

一唱桌上有瓷碗，二唱灶上有鐵鍋；
倉裡有了黃金穀，床上有了新被窩。

窮人抬頭真快樂，日日夜夜唱山歌；
白天唱過方志敏，夜裡再唱翻身歌。

　　蘇區的百姓如此熱愛方志敏，與他親民愛民、清正廉潔密不可分。對於群眾的利益，方志敏永遠記掛在心頭。一次，紅軍獨立團戰鬥歸來，一些戰士從田裡穿過，踩倒了一片油菜。方志敏立即召開全團大會給予嚴厲批評：「群眾用血汗辛勤種出來的油菜，踩死了多可惜！我們工農紅軍是工農子弟，處處要愛護工農利益。」會後，他立刻安排踩倒油菜的戰士向農民道歉並賠償損失。

　　方志敏雖曾擔任閩浙贛省蘇維埃政府主席、紅十軍政委等要職，「經手的款項，總在數百萬元」，但他時刻以人民的利益為重，從不謀取一絲一毫之私利。他始終堅持一個原則，那就是「為革命而籌集的金錢，是一點一滴地用之於革命事業」，絕不可私挪他用。

　　方志敏長年從事革命鬥爭，國民黨視其為心腹大患，他的家因此被火燒、劫奪十餘次，以致生活較一般貧農更難以維持。閩浙贛蘇區建立後，很多幹部、群眾都認為應對方志敏的家人給予經濟上的資助，但方志敏堅決不許。一次，他的嬸嬸實在因為無錢買鹽而求助於他，可她沒

想到方志敏這個政府主席居然身無分文，於是請方志敏從公款裡面接濟一些。方志敏說：「我管的花邊不少，幾十萬幾百萬也有。不過都是革命的花邊，一個銅板也動不得。要是我拿革命的花邊來給嬸嬸們買鹽，這窮人的主席我還當得？」還有一次，方志敏的妻子繆敏不幸被捕，妻兄繆鎮東向方志敏要四百塊大洋的保釋費，方志敏雖然擔心著妻子的安危，但他依然拒絕：

「哪能拿出這麼多錢去送給那批貪官污吏呢？蘇維埃政府的錢來之不易，要儘量節約，四百大洋留下來，可以做許多事，還是另想他法吧！」

方志敏擔任蘇維埃政府主席，可是衣著打扮與普通百姓、紅軍戰士毫無異處。有一年冬天，方志敏參加蘇區群眾代表大會，身上只穿著一件又薄又破的棉襖，凍得瑟瑟發抖。參會的代表們看到心裡實在不忍，找來一件新棉衣讓他換上。可是方志敏堅決不同意：「我絕不能給群眾增添負擔！我這件棉衣雖然有點破，但縫補一下還是可以穿的。」他讓人連夜縫補好那件破棉襖，第二天接著穿在身上。他的警衛員心疼地說：「你都是主席了，連件新棉襖也不應該穿嗎？！」方志敏卻說：「正是因為我當了主席，才要更加注意作風問題。現在蘇區還很困難，我們尤其要注意節儉。棉襖不是不能換，但不換就能夠更好地把節儉的作風樹起來，這對我們的工作會有很大好處的。」在長年艱苦的學習與工作中，方志敏患上了肺病，時常吐血，身體非常虛弱。有一天，方志敏吃飯的時候發現他的碗裡是白米粥，他立刻走到戰士們中間去看，發現其他人碗裡都盛著野菜和米糠。方志敏不禁皺起了眉頭，炊事員忙說：「你的身體不好，這段時間病情又加重了，同志們都很擔心！這是給你的病號飯，同志們都贊成，不算搞特殊！」方志敏說：「我們是紅軍，是人民的隊伍。官兵平等是我們的基本原則，任何人都不能例外！大家吃米糠我也吃米糠，絕對不能搞特殊。」

對於自己的選擇，方志敏曾寫道：「為著階級和民族的解放，為著黨的事業的成功，我毫不稀罕那華麗的大廈，卻寧願居住在卑陋潮濕的茅棚；不稀罕美味的西餐大菜，寧願吞嚼剌口的苞粟和菜根；不稀罕舒服柔軟的鋼絲床，寧願睡在豬欄狗窠似的住所！不稀罕閒逸，寧願一天做十六點鐘的勞苦！不稀罕富裕，寧願困窮！不怕饑餓，不怕寒冷，不怕危險，不怕困難。一切難以忍受的生活，我都能忍受下去！我能捨棄一切，但是不能捨棄黨、捨棄階級、捨棄革命事業！我有一天生命，我就應該為他們工作一天！」可以說，這既是對方志敏艱苦奮鬥的革命生涯最真實的寫照，也是閩浙贛蘇區在他的領導下能夠取得輝煌成績的重要原因。

獄中鬥爭

　　一九三四年十一月，中央決定組建紅十軍團，由方志敏任軍政委員會主席，率部北上皖浙贛邊區，以調動敵人和創建新的革命根據地。當時，中央蘇區第五次反「圍剿」已經失敗，中央紅軍已經開始長征，因此紅十軍團面臨孤軍奮戰的困難局面。但方志敏毅然決然地表示：「不管面臨多大的危險，存在多麼嚴重的困難，我們必須堅決執行黨中央的決定！」紅十軍團一路苦戰，但終在敵人的重兵圍堵之下失敗。一九三五年一月二十七日，同數倍於己的敵人苦戰七晝夜後，方志敏被俘。

　　方志敏被俘以後，毫無懼色，正氣凜然。敵人將他押往南昌，途經弋陽縣城時，企圖在城內開「慶祝大會」，藉以恐嚇群眾。當時，南方蘇區已全部淪陷，但弋陽農民聽聞方志敏將被押來縣城示眾，群情激憤，聚集了三千餘人，他們扛著鋤頭、扁擔，手持鐮刀、棍棒，麇集縣城，準備劫車救人。押送方志敏的敵人獲知弋陽縣城已是鐮刀、鋤頭的海洋，於是未敢進城，繞道直奔南昌而去。

二月七日，敵人在南昌豫章公園召開「慶祝生擒方志敏大會」。雖然方志敏此時已經失去自由，但敵人依然如臨大敵，在公園周圍布置大批軍警警戒，街道上也架起機關槍，嚴禁行人穿行。一位美國記者記下了當時的情形：「戴了腳鐐手銬而站立在鐵甲車上之方志敏，其態度之激昂，使觀眾表示無限敬仰。觀眾看見方志敏後，誰也不發一言，大家默然無聲。即蔣介石參謀部之軍官亦莫不如此。觀眾之靜默，適足證明觀眾對此氣魄昂揚之囚犯，表示無限尊敬和同情。」敵人萬萬沒想到，這樣一個精心布置的祝捷大會，反而給方志敏提供了宣傳革命思想的大好機會。上海英文《字林西報》記者詢問方志敏有何感想，方志敏侃侃而談：「我有一個堅定的信念，就是不惜生命反對帝國主義侵略中國，為民族獨立而奮鬥。我很高興為自己的民族而犧牲。」

　　對於方志敏這樣的中共高級幹部，敵人費盡心機，務求說服他投降。他們一方面將方志敏與其他在押人員區別對待，在生活上給予特殊照顧，每日三餐，隨意飲水，意圖造成方志敏與其他獄友之間的猜忌隔閡。另一方面，他們派出從國民黨弋陽縣長張掄元到省黨部執委王冠英的各色人物輪番上陣，遊說勸降。但方志敏意志堅決，不為所動。

　　國民黨南昌綏靖公署軍法處副處長錢協民見勸降數日未見效果，決定親自上陣，打親情牌勸降方志敏。

　　錢協民假惺惺地問：「方將軍，你現在身陷囹圄，想必很掛念孩子與夫人吧？若想與他們見面，兄弟可以幫忙安排。」

　　方志敏說：「我共有五個孩子，都很小，我與妻的愛情不壞，因為，我們是長期同患難的人。但我已到這個地步，妻和兒子哪還能照顧到，我只有拋下他們。」

　　「那倒不必，妻和孩子，是不能而且不應該拋下的。你願不願寫信去找你的夫人前來？」

　　「找她來，做什麼？」

「找她來，當然有益於你，這就表示你已經傾向於我們了。」

話說至此，方志敏氣憤至極：「傾向於你們這些狗？不能夠的。」

錢協民強壓心頭怒火，陰沉著臉說道：「我想向你進一步忠告，你們既已失敗至此，何必盡著固執，到國方來做事好了。不然殺了多多少少你們那方的人，何以還留到你們不殺呢！老實說，上面要用你們啦，收拾殘局，要用你們啦！」

「我可以告訴你，要知道，留在蘇區的共產黨員，都是經過共產黨的長期訓練，都是有深刻的主義的信仰的。」說罷，方志敏輕蔑地看著錢協民。

眼看費了一番口舌而沒有任何效果，錢協民眼珠一轉，又說：「你可知孔荷寵，他現在極蒙上面信任，少將參議！每月有五百元的薪金！」

孔荷寵曾任中華蘇維埃共和國中央執行委員和中央革命軍事委員會委員，一九三四年七月投敵，由於他掌握有大量祕密，因此給黨和紅軍帶來巨大損失。孔荷寵投降國民黨後，為表忠心，還組織便衣別動隊，專門襲擊紅軍游擊隊，很多紅軍指戰員與群眾死在他的手上。因此，不提孔荷寵則罷，提起這個叛徒就讓方志敏怒火中燒：「他是個無恥的東西！我不能跟他一樣，我不愛爵位，也不愛金錢。」

錢協民見勸降毫無效果，終於停止扭捏作態的低劣表演，露出兇惡的本相：「方志敏，你再執迷不悟，就只有槍斃了！」

看到錢協民終於揭去偽善的面具，方志敏不禁朗聲笑了起來。他知道敵人孤注一擲了，平靜地說：「我完全知道這個危險！但處在這事無兩全的時候，我只有走死的一條路。」

錢協民悻悻而歸！但敵人仍不死心，國民黨高級將領、南昌綏靖公署主任顧祝同又親自來到牢房勸降，但得到的依然是方志敏的痛斥：「投降？你國民黨是什麼東西！——一夥兇惡的強盜！一夥無恥的賣國

漢奸！一夥屠殺工農的劊子手！我們與你們反革命國民黨是勢不兩立的，你法西斯匪徒們只能砍下我們的頭顱，絕不能絲毫動搖我們的信仰！我們的信仰是鐵一般的堅硬的。」

方志敏的大義凜然，連敵人的報紙亦不得不喟歎：「方志敏反對一切提議，態度非常強硬，看他到死也不會動搖的！」

南昌綏靖公署軍法處見方志敏毫無投降之意，便向上呈報要求將方志敏殺害，但南京回文卻是「緩辦」二字。原來，蔣介石仍然對勸降方志敏抱著一絲希望。

四月初，軍法處將方志敏從三等號轉至優待室單獨關押。優待室寬敞明亮，桌椅齊備，亦可讀書看報，打球散步。但方志敏對敵人的企圖心知肚明，他說：「我們不能希望敵人的良心發現，不能希望敵人的仁慈、憐憫和改良，我們自己是有力量的，我們要用拼命戰鬥的精神，拿起槍炮去消滅賣國國民黨的黑暗統治，以便連同消滅他的黑暗監獄。」方志敏轉押到優待號幾天後，敵人又派說客前來勸降，方志敏依然志堅如初，對來人講：「投降是天大的笑話，自從我們被俘入獄以後，在這裡實際觀察的結果，更證明以前我們所做的事是十分正確的。我們是革命者，既遭失敗自無他言，準備犧牲就是了。投降？真正的革命者，只有被敵人殘殺，而沒有投降敵人的。」

方志敏知道敵人最終會露出兇惡的面目，但他要抓緊時間在優待號單獨關押的這段時間寫下給同志們的最後囑託。他利用敵人要他「寫點東西」的機會，奮筆疾書。方志敏早年患有肺病，時常咳血，入獄後又被酷刑折磨，身體虛弱不堪。但他咬緊牙關，強撐著身體伏在桌子上寫作。在極端困難的環境下，方志敏從被關押到南昌「綏靖公署」軍法處看守所到英勇就義的六個月間，先後寫下《我從事革命鬥爭的略述》《我們臨死以前的話》《在獄中致全體同志書》《可愛的中國》《血！——共產主義殉道者的記述》《清貧》《給某夫婦的信》《獄中紀實》《贛東北

蘇維埃創立的歷史》《記胡海、婁夢俠、謝名仁三同志的死》《給黨中央的信》等十六篇共約十三萬字的文稿和信件，這是他留給同志們和後人極其珍貴的精神遺產。

在這些文稿與信件中，充滿著方志敏對信仰的堅守、對理想的追求：

「我們雖囚獄中，但我們的腦中，仍是不斷地思念著同志們的奮鬥精神，總祈禱著你們的勝利和成功！我直到現在，革命熱忱仍和從前一樣。」

「我堅信在國際和中央列寧主義領導之下，中國革命和世界革命必能在不遠的將來得到全部成功！」

「共產主義世界的系統，將代替資本主義世界的系統，而將全世界無產階級和人類，從痛苦死亡毀滅中拯救出來！」

「敵人只能砍下我們的頭顱，絕不能動搖我們的信仰！因為我們信仰的主義，乃是宇宙的真理！為著共產主義犧牲，為著蘇維埃流血，那是我們十分情願的啊！」

「我死後，我流血的地方或在我瘞骨的地方，或許會長出一朵可愛的花來。這朵花，你們可視為我的精神寄託吧！在微風吹拂中，如果那朵花上下點頭，那可視為我向為中華民族解放奮鬥的愛國志士致以革命的敬禮！如果那朵花左右搖擺，那就視為我在提勁兒唱著革命之歌，鼓勵戰士們前進啦！」

……

這些方志敏在犧牲前夕寫給黨和戰友們的告別信，洋溢著革命英雄主義與革命樂觀主義氣概，其詞情真意切，其志堅硬如鐵，充分展現了他作為一個純粹的共產黨人與堅強的革命者的光輝形象與偉大情懷。

面對始終堅貞不屈的方志敏，敵人終於決定要將他殘忍殺害。一九三五年八月六日凌晨，敵人將方志敏押往位於南昌城北的刑場。方志敏

知道，生命的最後一刻到來了！他連聲高呼「打倒日本帝國主義！」「打倒賣國的國民黨！」「紅軍最後勝利萬歲！」「中華蘇維埃共和國萬歲！」「中華民族解放萬歲！」「中國共產黨萬歲！」惶恐的劊子手將棉花塞進他的口中，又用布條緊緊纏繞於嘴部，讓他不能說話。雖然嘴巴被堵住，方志敏依然用他的雙眼噴射出怒火，無情地灼燒著敵人。敵人慌作一團，一陣槍響，方志敏犧牲了！

　　方志敏的一生都處在緊張嚴酷的戰鬥環境中，但他始終對革命的未來報以美好的期望：「我相信，到那時，到處都是活躍的創造，到處都是日新月異的進步，歡歌將代替了悲歎，笑臉代替了哭臉，富裕將代替了貧窮，健康將代替了疾苦，智慧將代替了愚昧，友愛將代替了仇殺，生之歡樂將代替了死之悲哀，明媚的花園將代替了淒涼的荒地！這時，我們民族可以無愧色地立在人類的面前，而生育我們的母親，也會最美麗地裝飾起來，與世界上各位母親平等地攜手了。……這麼光榮的一天，決不在遼遠的將來，而在很近的將來，我們可以這樣相信的，朋友！」站起來、富起來、強起來，是近代以來以中國共產黨人為代表的仁人志士孜孜以求的奮鬥目標！今天，方志敏烈士的遺願已然實現，中華民族正闊步走在實現偉大復興的征途上！中國人民不會忘記方志敏！他奮勇戰鬥的一生，將永載史冊，光照千秋！

大 國 初 心

劉志丹：
機智驍勇的陝北革命根據地開創者

入黨就是要為自己的信仰奮鬥到底，作為共產黨員來說，就是奮鬥到底，就是奮鬥到死。

——劉志丹

劉志丹（1903-1936），陝西省保安縣（今志丹縣）人，一九二五年加入中國共產黨。先後任中共陝北特委軍委書記、中國工農紅軍陝甘游擊隊總指揮、中共陝甘邊軍事委員會主席、西北革命軍事委員會主席、中國工農紅軍第十五軍團副軍團長兼參謀長，是西北紅軍和西北革命根據地的主要創建人之一，共軍卓越的三十六位軍事家  之一。一九三六年三月，率紅二十八軍參加東征戰役；四月十四日，在山西中陽縣三交鎮戰鬥中犧牲，年僅三十三歲。

開展兵運屢仆屢起

劉志丹，名景桂，字志丹，一九〇三年十月四日出生於陝西省保安縣金湯鎮。他的祖父劉士傑，是清朝同治年間的拔貢；父親劉培基秀才出身，後經商，曾任當地民團文職副官。因此，他的家庭曾經也比較興旺。但後來被人誣告輸了一場官司，自此家道中落。幼時的劉志丹，也與普通農家孩子一樣，常常下地勞動。那時，雖然家道中落，但家裡依

然雇有長工。勞動時，長工常向他訴說世道的黑暗與生存的艱難，使劉志丹自小就在內心埋下了反抗舊社會的種子。一九二二年，劉志丹考入陝北二十三縣唯一的中學——榆林中學。在榆林中學，劉志丹在共產黨員教師魏野疇、李子洲等的影響下，逐漸接受了馬克思主義。一九二四年冬，社會主義青年團陝北支部成立，劉志丹成為第一批團員；一九二五年，榆林的中共黨組織建立，劉志丹隨即轉為黨員。是年七月，劉志丹在三原參加了陝西共進社會議，他滿懷對革命的信心，在會上發表了激情洋溢的宣言：「共進！共進！同志引著被壓迫民族向帝國主義者進攻！不惜犧牲，殺開血路！前途自有光明與幸福！」

一九二六年初，經黨組織安排，劉志丹進入黃埔軍校第四期軍官隊學習，畢業後進入馮玉祥部隊。「四一二」反革命政變後，劉志丹被迫離開馮玉祥部隊。親身經歷這一慘痛事變，劉志丹深刻認識到：「我們沒有槍桿子，只靠筆桿子不行，人家一翻臉，我們就只有滾蛋。」這時，中共陝西省委決定組織起義，武裝反抗國民黨反動派，派遣劉志丹進入軍閥李虎臣部開展兵運工作。一九二八年五月上旬，劉志丹等策動新編第三旅起義，成立西北工農革命軍，劉志丹任軍事委員會主席。革命軍成立後，劉志丹等以總司令部名義發出布告：「土豪劣紳和財東，剝削窮人真個凶。加以放賬驢打滾，賣兒賣女還不清。」「西北工農革命軍，他是咱的子弟兵，貪官污吏都打倒，我們要做主人翁，建立蘇維埃政權，才能過成好光景。」起義軍贏得了百姓的熱烈支持，但也遭到了敵人的重點圍攻。由於缺乏鬥爭經驗，堅持數月後，最終失敗。

一九二九年春，劉志丹返回保安。經過總結教訓，劉志丹認為，在陝北這個地方要和優勢敵人做鬥爭，必須依靠山地進行游擊戰。陝北山勢縱橫，加之軍閥統治比較薄弱，因此當時有的小股土匪掌握幾杆槍就可以佔據一座山頭。對此，劉志丹常說：「連土匪都可以在這些地方稱『山大王』，弄得軍閥無可奈何，為什麼我們共產黨人不可在這裡鬧革

命呢？」

一九三〇年九月，劉志丹向黨組織提出擴充革命武裝的計劃。當月下旬，他借用「隴東民團騎兵第六營」的名義，到甘肅合水縣太白鎮以商借糧草為名，擊斃該鎮民團團總及團丁十餘人，繳槍六十餘枝，騾馬數十匹。之後，劉志丹帶著這支隊伍馳騁於保安、安塞、甘泉一帶，幾個月內使部隊發展到二百餘人。隊伍擴大後，他抓緊機會在永寧山南面的石峁灣練兵。百姓們希望劉志丹可以改變這黑暗的世道，紛紛傳唱道：「劉志丹練兵石峁灣，要把世事顛倒顛。」但旋即又遭敵人重兵圍剿，最終失敗。

一九三一年春，劉志丹計劃運動國民黨駐甘肅騎兵第四師蘇雨生部一個團起義，因不慎走漏消息被捕。敵人逼問軍內共產黨員名單，劉志丹斷然表示：「不知道，要殺要剮隨你的便！」敵人氣急敗壞，決定將其處死。劉志丹毫不畏懼，對前去探望他的黨員同志說：「我死了沒有什麼關係，還有你們，還有黨。你們要聽黨的話，堅持真理，繼續戰鬥！最後勝利一定屬於我們！」後經組織營救，劉志丹被釋放。出獄後，劉志丹又打進甘軍開展兵運，策動起義，結果又未成功。但他毫不氣餒，集合起義中被打散的士兵，在橋山進行游擊鬥爭，不久隊伍即發展至數百人。

九一八事變後，中國工農紅軍陝甘游擊隊成立，劉志丹任總指揮。但蔣介石堅持「攘外必先安內」的政策，對紅軍繼續加大「圍剿」。在劉志丹的領導下，部隊連續作戰殲滅國民黨軍數千人，初步建立了以照金為中心的根據地。對此，老百姓以歡快的歌謠頌唱：「紅軍馬踏十三縣，威名震西安。五月打韓城，縣官發了蒙，西安哇哇叫，調來同州兵。」為此，國民黨還懸賞一萬大洋捉拿劉志丹。但由於當時的陝西省委書記杜衡執行「左」傾路線，導致部隊遭受很大損失。一九三五年七月，在敵人連續包圍攻擊下，部隊作戰失利，除劉志丹率十餘人突圍成

功外，全軍覆沒。雖突出重圍，但劉志丹等人被困於深山老林，只能以野果充饑。敵人又日夜搜山，形勢萬分危急。為了堅定同志們鬥爭下去的信心，他經常鼓勵大家：「月亮都有時圓有時缺呀！革命在一時一地的失敗，算得了什麼！失敗了再幹哪！咱們道理正，窮苦人都站在咱們這邊！」「天不能老是陰雨，總有個放晴的時候！」這段日子非常艱苦。一次，他組織大家突圍，未料在通過封鎖線時突遭敵人襲擊，大部分同志犧牲了，他孤身一人衝了出來，只能隱蔽在深山裡，晝伏夜出。又有一次，他在轉移過程中從一個山崖上滑落摔成重傷，又遇暴雨幾乎喪生，所幸遇見一個失散的戰友方才得以活命。逃出深山後，他們又路遇叛徒險遭出賣。後來，在地方黨組織的幫助下，他們化裝成遊鄉小販，一路爬山越嶺，奔向根據地。雖然要經過敵人重重關卡，但劉志丹堅持不能丟掉武器，他把貨郎擔子分做兩層，上層放貨物，下層放武器，歷盡艱難險阻，終於在一九三三年十月初，帶著幾支駁殼槍回到了照金根據地。

一九三四年至一九三五年間，在劉志丹的領導指揮下，紅軍又重新發展起來，並在軍事上不斷取得勝利，陝甘邊與陝北這兩個長期被敵人分割的蘇區連成一片，成立了陝甘蘇維埃政府，面積達三萬平方公里，人口九十萬，建立了三十多個縣的蘇維埃政權，紅軍主力擴大到五千人，游擊隊發展到四千人，為黨中央和中央紅軍落腳陝北創造了條件。

黨性純潔的「老劉」

劉志丹作為陝北革命根據地的主要創建人，在幹部、群眾以及紅軍戰士中有著崇高的威望。但他作風正派、平易近人，沒有一點領導的架子，時刻不脫離群眾。和劉志丹一起工作過、曾任陝北蘇維埃省政府勞動部保衛科長的霍振東回憶說：「有一次，我們黨小組開會，劉志丹同

志來了。志丹同志面目清瘦，平易近人，穿一身老灰布衣服，腳穿家做布鞋，我真沒想到，陝北人民心中的英雄，民歌裡唱著的劉志丹竟是這樣一個普通的人。志丹同志面帶笑容，和我們一一握手。一個同志叫他劉軍長，志丹同志和氣地說：『我們紅軍裡，官兵一致，你就叫我老劉好了。』我們請他講話，他先問了我們每個人的身世，然後說：『紅軍是勞動人民的隊伍，就要為人民謀利益，和人民同甘苦，人民才能擁護我們。』習仲勳對此也有深刻印象。一九三二年，習仲勳在甘肅兩當組織兵變，失敗後到耀縣楊柳坪找陝甘游擊隊，在那裡，他終於見到了仰慕已久的劉志丹。對於第一次見面，習仲勳始終記憶猶新，他在回憶文章中寫道：「我很早就聽說過劉志丹的名字，也聽到過他進行革命活動的許多傳說。在傳說中，常把劉志丹描繪成一個神奇的人物。但是初次見面，我得到的印象，他卻完全像一個普通戰士。他質樸無華，平易近人，常同戰士們坐在一起，吸著旱煙袋，談笑風生。同志們都親切地叫他——老劉。」

　　劉志丹還特別注意革命隊伍內部的團結，受到委屈、遇到迫害時，他首先想到的是不要影響隊伍的穩定、破壞革命的大局。一九三二年十二月上旬，執行「左」傾路線的中共陝西省委書記杜衡以改編部隊為名，極力進行宗派活動，對劉志丹無情打擊。杜衡攻擊劉志丹是「游擊主義」「土匪路線」「右傾機會主義」的代表，蠻橫地撤銷了他陝甘游擊隊副總指揮職務。為了把部隊牢牢控制在自己手中，杜衡在改編部隊時，將連以上幹部一律解職，強行從班排長中提拔營職、團職幹部，意圖建立個人的軍事班底。對於這種極端錯誤的做法，劉志丹表現出堅強的黨性修養，他始終以大局為重。從班長直接提拔為團長的王世泰對管理部隊一時難以適應，劉志丹就主動幫他起草《政治工作訓令》和《紀律條例》，並號召大家服從新團長的領導。後來，西北革命根據地錯誤「肅反」，劉志丹與習仲勳被捕入獄。雖身受迫害，他依然語重心長地

叮囑習仲勳：「最可怕的是暗箭傷人。但這也難免，要經受得起這種考驗。」並讓習仲勳轉告其他被迫害的同志：「不要想自己的委屈，堅持革命意志，我們的一切是為了人民大眾，不是為了個人。」習仲勳對此深為感動：「一個人能這樣一貫以大局為重，委曲求全，真是少見。」

劉志丹也特別注意遵守群眾紀律，他經常教導戰士們說：「愛護群眾利益光榮，損壞群眾利益可恥，誰破壞了也不行，都要執行紀律。」一次，他騎馬查看地形，未料馬吃了群眾的麥子。劉志丹唐覺不安，隨行的參謀說：「我們是在勘察地形準備與敵人作戰，是在辦公事，老百姓通情達理，不會計較的。」「不能這樣考慮問題！」劉志丹嚴肅地說：「三國時，曹操行軍馬踏民田，尚且割鬚代首，以示懲戒。我們是共產黨的隊伍，怎麼能夠對自己的錯誤放任不管呢？！」最後，大家決定給老百姓挑水，作為對自己過失的補償。他對老百姓的真誠愛護贏得了群眾的愛戴。有一次，劉志丹行軍路過陝北神木縣，有一位七十多歲雙目失明的老大娘聽說後，拄著拐棍趕來看他。眾人笑著說：「大娘，您怎麼能看見老劉啊？」老大娘卻說：「看不見，我還摸不著嗎？」劉志丹趕緊站到老大娘跟前，拉著她的手親切地說：「大娘，我就是劉志丹。」老大娘高興地把他從頭到腳摸了個遍，流著眼淚說：「好哇，你真是咱們老百姓的好人啊！」看到這感人的一幕，在場的戰士與百姓不禁潸然淚下。百姓們把對劉志丹的熱愛凝結在一首首信天遊中，「紅雲飄飄滿天空，陝北又出李自成！千里雷聲萬里閃，名字就叫劉志丹！」「羊肚子手巾三道道藍，當紅軍的哥哥跟的是劉志丹。」「瓷壺裡倒水嘩啦啦，劉主席說起咱心裡話。」「二月二龍出現，新正來了劉志丹。」「劉志丹下命令免糧免款，狗縣長和劣紳跪下一大攤。」「劉志丹，是好漢，光腳片子打裹纏，腰裡別著手榴彈，嚇得白軍腿打戰。劉志丹，是好漢，不拿架子滿和善。半月二十常見面，和咱老鄉好熟慣。」這一句句質樸純真飽含感情的歌詞，反映了老百姓對劉志丹無限的擁護與熱愛。

民國時期著名新聞記者范長江曾寫作《劉志丹之鼓動與民心之背向》：
「自劉志丹開始活動以後，情勢大不相同。……以實際利益為前提的民
眾，當然贊成劉志丹的主張，而願為之用命。再加以劉志丹之組織，使
民眾更不得不為之用。更經數年來赤化教育之結果，民眾心中，只知有
蘇維埃、瑞金、莫斯科、列寧、史達林等，而不知有西安、蘭州、北
平、南京等名詞。某縣長曾在合水以東召集民眾訓話，數次申傳，到者
寥寥。而蘇維埃召集開會，則二十四小時之內，可以立刻齊集百里以內
之民眾。」

　　劉志丹生活中艱苦樸素，身穿千補百衲的粗布衣，腳蹬自己編織的
草鞋。經常自己動手做飯、炒菜、餵馬、抬傷患。有一次，紅軍打土豪
沒收了幾十件衣服，他把稍好一些的衣服全都分給大家，最後只剩下一
件女人穿的紅花大褂，沒有人要。戰士們開玩笑說：「這是大姑娘穿的
衣服，咱們老爺們可不能要。」劉志丹拿起那件衣服說：「雖然顏色是
紅色，但扔掉太可惜。真沒人要，就算分給我了。」第二天他用找來的
染料將大褂染成棕色，裁改成一件夾衣穿在身上。在革命鬥爭極端艱苦
的年月裡，他隨身只帶著三件寶，一件大衣、一匹馬、一支槍，奔走陝
北各地，發動和組織工農群眾進行革命鬥爭。這件大衣，伴隨著他風裡
來，雨裡去，度過了革命戰爭年代漫長而艱苦的歲月。劉志丹晚上把它
當被蓋，休息和開會時當墊子坐，穿在身上是大衣。他幾乎一無所有，
犧牲時，衣袋裡只有半截鉛筆和六支香煙。劉志丹始終堅持共產黨人本
色，以革命軍人的標準嚴格要求自己。他的愛人是一位樸實的農村婦
女。有一次，劉志丹和同志們聊天，一個同志開玩笑地說：「劉軍長，
你是軍長，婆姨是個土包子，應該找一個洋包子嘛。」劉志丹聽了笑呵
呵地說：「我婆姨雖然是土包子，我可捨不得。我看我的婆姨和我很相
稱，她對革命一片忠心，對我體貼入微，我就喜歡這樣善良的女人。我
們是革命同志，革命侶伴。」想到隊伍中個別同志在婚姻觀念上存在的

一些不好的苗頭，劉志丹又語重心長地說：「在婚姻問題上，也可以考驗一個人的政治品質。這些普通的勞動婦女，備嘗艱辛，用小米和生命養活我們，支援革命。嫌棄她們就是背叛勞動人民，你們說對不對？」大家聽了都很受教育，連聲說：「對！對！」劉志丹在陝北搞革命，敵人對其恨之入骨，他們抓不到劉志丹，就把惡氣撒到他的家人身上。一九三四年五月十四日，國民黨軍竄進陝北保安縣樓子溝，企圖殘害劉志丹家人。幸虧鄉親們報信，劉志丹的父親、妻子趕緊攜帶一家老小逃入深山，才躲過一劫。敵人抄了劉志丹的家，燒毀石窯、掘開祖墳以洩憤。敵人找不到劉志丹的父親、妻子，便把劉志丹的族弟和妹夫槍殺了。習仲勳得知消息後，把躲進深山的劉志丹父親和妻子接到南梁根據地。劉志丹雖然深愛著自己的家人，但他依然堅持原則地說：「紅軍現在不能帶家屬，我怎麼能帶這個頭。」習仲勳誤以為劉志丹因為父親曾不許他革命而賭氣，開玩笑說：「劉老先生現在變成赤貧了，他們在白區待不住，不能一般而論。再說，還有嫂子和孩子，你快去看看他們吧！」但劉志丹依然決定不能違反部隊紀律，他安排人把父親送到親戚家居住，又讓妻子去被服廠做工人，絕不給公家增加負擔。

毛澤東說：「我到陝北只和劉志丹同志見過一面，就知道他是一個很好的共產黨員。」一九七三年，周恩來在延安棗園接見省地負責人時，反覆指出陝北必須樹立劉志丹這個典型。他說：「陝北是革命老根據地，我們是從這裡出發取得全國勝利的。劉志丹出獄後我同他談話，他一點怨氣都沒有，這個同志思想非常純樸。我講的是劉志丹的真實情況。」在革命隊伍裡，劉志丹沒有誣陷冤枉過任何人，沒有打擊和報復過革命隊伍裡的任何同志；他沒有和任何同志爭權奪利，沒有給任何同志留下埋怨和仇恨；他沒有利用權力謀過哪怕一丁點私利。但他留下了一塊根據地，還留下了對黨、對人民徹底負責的精神，留下了一個共產黨人黨性純潔的光輝榜樣！

東征犧牲紅星隕落

一九三五年九月，西北革命根據地在「左」傾路線的錯誤指導下展開「肅反」運動。兩百多名原陝甘邊黨政軍主要領導幹部被捕殺。「肅反」的黑手也伸向了正在前線指揮戰鬥的劉志丹。但懾於劉志丹長期以來在西北革命根據地和廣大紅軍戰士中的威望，陝甘晉省委政治保衛局代局長戴季英等人欺騙劉志丹，表面上調其擔任西北軍委代理主席，趕赴指揮北線作戰；暗地裡則寫信給北線紅軍，一旦劉志丹到達立即逮捕。劉志丹信以為真，立即動身。十月五日，劉志丹趕往北線途經安塞縣高橋川時，和送信的騎兵通訊員相遇。通訊員在不知密信內容的情況下，把密信交給劉志丹，請他帶往北線。劉志丹打開一看，發現竟然是逮捕自己的密令，信中明確寫著「已確定劉為反革命」。這是陝北「肅反」中最悲壯的一天，也是最具戲劇性的一幕。劉志丹雖然有如五雷轟頂，但他深知大敵當前，最重要的是黨內團結，絕不能因為自己造成紅軍的分裂。劉志丹重新把信封好，命令通訊員繼續把信送往北線，並讓通訊員轉告北線負責同志自己去了瓦窰堡。對此，周恩來曾評論道：「如果他回來商量一下，局勢會有變化。但是，他單身匹馬到了瓦窰堡，表現了對黨的忠貞不貳。」

回到瓦窰堡，劉志丹沒有回家，徑赴西北軍委，對軍委負責人說道：「要捉我的信，我在半路上看到了，因此自己回來。」但是，劉志丹的光明磊落，非但沒有引起錯誤路線執行者的反省，他們居然荒謬地認為，劉志丹在知曉即將被捕的情況下，「反而不跑，是狡猾地以使黨對其信任」；並進一步錯誤地斷定他是「為消滅紅軍而創造紅軍根據地的反革命」；誣陷他率領紅軍打進縣城消滅白軍，純係反革命欺騙群眾的「花招」。當即將劉志丹逮捕關押，他的妻子亦被同時打入勞改隊。

幸運的是，此時中央紅軍已長征到達陝北吳起鎮。得知西北革命根

據地錯誤「肅反」造成了空前危機，毛澤東非常心痛。他說：「我們剛剛到陝北，僅瞭解到一些情況，但我看到人民群眾的政治熱情很高，懂得許多革命道理，陝北紅軍的戰鬥力很強，蘇維埃政權能鞏固地堅持下來，我相信創造這塊根據地的同志是黨的好幹部。」在進一步得知劉志丹被捕待殺的消息後，毛澤東立即指示：「殺頭不能像割韭菜那樣，韭菜割了還可以長起來，人頭落地就長不攏了。如果我們殺錯了人，殺了革命的同志，那就是犯罪的行為。」他要求馬上停止捕人，並且在一份材料上批示「刀下留人」。同時派王首道、賈拓夫帶一個連和一部電臺，以最快速度趕赴瓦窯堡，接管西北政治保衛局，營救劉志丹。

很快，劉志丹被釋放出獄，陝北軍民聞訊奔相走告：「老劉得救了！陝北有救了！」大家都覺得天要變亮了。毛澤東和周恩來親切地接見了劉志丹。劉志丹先見到周恩來，他緊走幾步，上前牢牢地握住周恩來的手說：「周副主席，我是黃埔四期的，你的學生。」周恩來看著有些憔悴的劉志丹，有些傷感但又滿懷深情地說：「我知道，我們是戰友。」第二天，周恩來又領他去見毛澤東。毛澤東幽默地對他說：「我是來投奔你的呀！」見到了毛主席，劉志丹特別激動，他興奮地說：「中央來了，今後的事情都好辦了。」毛澤東接著說：「你和陝北的同志受委屈了」，「這裡群眾基礎好，地理條件好，搞革命是個好地方。」聽到毛澤東這樣講，劉志丹覺得終於看到革命勝利的希望了。根據中央紅軍到達陝北後鬥爭形勢的變化，黨中央成立了革命軍事委員會西北辦事處，統一管轄西北的革命武裝。陝甘游擊隊和地方武裝則被合併整編為紅二十八軍。劉志丹先後擔任革命軍事委員會西北辦事處副主任、紅二十八軍軍長、紅軍北路軍總指揮以及中央所在地瓦窯堡警備司令等要職。

一九三六年二月，為儘快北上抗日，中共中央決定組建由紅一軍團和十五軍團構成的抗日先遣軍東征，東渡黃河進入山西。三月底，紅二

十八軍渡河入晉，一路連戰連捷。當部隊進至山西臨縣白文鎮時，接中央軍委急電：「為了配合紅軍緊逼汾陽，威脅太原，並打通前方與陝北的聯繫，保證紅軍背靠老蘇區，著令二十八軍即向離石以南黃河沿岸地區進擊。並可相機攻佔中陽三交鎮，牽制和調動敵人。」劉志丹立即率部隊出發，於四月十三日到達三交鎮附近。

三交鎮坐落於山西中陽縣西部，是靠近黃河的一個渡口，依山靠水，地勢險要。因為戰略位置重要，晉軍在此駐有重兵，沿河修有堅固工事。根據傳來的情報，晉軍在此處駐有一個營的兵力。有些同志認為三交鎮易守難攻有畏難情緒，劉志丹卻堅定地說：「越往南走，離中央總部越近，一定要打好這一仗，打通山西前線和陝甘寧蘇區的聯繫。」四月十四日拂曉，圍攻三交鎮的戰鬥打響了。紅軍首先攻佔了敵軍的南山陣地，殘敵逃至北山固守。劉志丹命令部隊夾擊北山之敵。但時至中午，仍未攻下，且發現敵軍火力不但未減，還有增強跡象。這時才發現之前收到的情報不準，敵人實際上是一個團部外加兩個營，還有一個炮兵連。突如其來的變化，讓大家一時不知如何是好。

為更好地掌握敵情，劉志丹讓宋任窮在指揮部繼續指揮作戰，他帶著隨軍負責保衛工作的特派員裴周玉和警衛員去前線陣地實地瞭解敵情。那時，紅軍戰士的攻擊路線被敵人暗堡裡的一挺機槍封鎖。為了找到攻破敵人暗堡的戰機，劉志丹爬上與敵相距不到百米的一個小山包，而這個山包正是敵人火力重點壓制的目標。光禿禿的山包上沒有任何工事和隱蔽物，劉志丹只能借助土坎觀察敵情。裴周玉和警衛員幾次勸阻：「軍長，這樣太危險！」劉志丹卻興奮地說：「小裴，你看這個山包不是一個理想的觀察所嗎？」過了一會兒，他又說：「你看見了嗎？機槍是從小廟旁邊那個碉堡裡打出來的，等會兒部隊衝上去一定要把它奪過來，帶回陝北做紀念。」突然間，一梭機槍子彈襲來，劉志丹應聲倒地！

裴周玉親眼目睹了劉志丹的犧牲過程，他在回憶錄中寫道：「山包上只剩下劉軍長、警衛員和我三個人。當時，雖然已經是四月了，可是正碰上寒流的襲擊，天氣顯得特別寒冷。劉志丹迎風站在高處，觀察和諦聽著周圍的一切動靜。他嫌棉帽的耳扇礙事，把帽帶也綁起來，不一會就把臉凍得紫一塊紅一塊的，他也毫不理會，只是停一會兒從衣袋裡掏出那一塊舊懷錶來看看。他站在那裡，眼下就是我們所要攻取的城鎮，面前就是我們所要消滅的敵人，看著他氣宇軒昂的表情，真像恨不得一口要把敵人吞下去似的。然而，我們這時既沒有炮，也沒有炸藥，全要依靠著紅軍戰士的英勇，依靠著紅軍指揮員的智慧來殲滅敵人，取得勝利。就在劉志丹指揮紅軍戰士對敵人重新發起攻擊的時候，又是那挺敵人的機槍，突然射來一陣罪惡的子彈，奪去了我們親愛的軍長的生命。子彈是從劉志丹左胸部穿過去的，很可能是傷著了心臟，傷口處流血很少，他的面色迅速地變得蠟黃。當我抱著他下到山包後邊時，他已昏迷過去，呼吸極度微弱。」過了一會，劉志丹神志略微清醒，他睜開了眼睛，環顧四周，想用雙手撐著身體坐起來，但由於槍傷過重，稍一用力便又痛得跌躺在地上。但即便在生命的最後一刻，劉志丹念念不忘的依然是戰鬥，他用盡最後一絲力氣抓住裴周玉的手，以極微弱的聲音說：「讓宋政委……指揮部隊，趕快消……消滅敵人！」話音甫落，他的手便從身前滑落，心臟也停止了跳動。劉志丹犧牲後，陝北軍民悲痛不已。在黃土高原的千家萬戶，鄉親們傳唱著一段段懷念、讚頌劉志丹的民歌：「太陽落山燒起火，流著眼淚哭老劉。你過黃河精神爽，怎麼一去不返鄉。英勇犧牲傳千古，教育後人更英勇。」「陝甘的山，陝甘的水，記著你的情，記著你的恩。忘不了你的大功，忘不了你的叮嚀。看不見你的身子，卻能夢見你的笑臉。」為了紀念他，黨中央舉行了隆重的追悼大會。毛澤東說：「一個人死了開追悼會，群眾的反映怎樣，這就是衡量的一個標準。有些人高高在上，官位很大，稱首長，好像老

百姓都擁護他，其實這不能說明問題，要看最後的蓋棺論定，要看開追悼會那一天老百姓落不落淚。有些幹部死了，我看老百姓就不見得落淚，他是自封的群眾領袖。因為你做了官，老百姓不得不和你打交道，其實公事一辦完，人家就掉頭而去，不大理睬你了。真正的群眾領袖，到開追悼會那一天，老百姓會覺得他死了很可惜。至少不會覺得死了也好，可以省下小米。劉志丹犧牲後，陝北的老百姓傷心得很，這說明他是真正的群眾領袖。」周恩來稱讚：「劉志丹對黨忠貞不貳，很謙虛，最守紀律。他是一個真正具有共產主義品質的黨員。」朱德說：「劉志丹是創造紅軍的模範」，他的「這種精神和毅力，就是建軍的基本條件」。「如果有人要問共產黨員是什麼樣子，那麼就請看劉志丹同志。」習仲勳說：「志丹同志的心裡，只有人民、國家、黨，他短暫的一生做了那麼多事情，受盡煎熬，卻沒有一個怨字，這是人之楷模啊！」一九三六年六月，中共中央決定，將劉志丹的故鄉保安縣更名為志丹縣，以此永久紀念這位為黨和紅軍做出重大貢獻、陝北人民真誠愛戴的人民英雄。

　　劉志丹是中國共產黨歷史上傑出的領導人，他的精神與品德感染了與他同時代的人，更激勵著後世千千萬萬的人。他短暫而光輝的一生，給後人留下了極其寶貴的精神財富。他忠於黨、忠於人民、忠於祖國；他英勇頑強、艱苦奮鬥，身上充滿著著朝氣、銳氣與正氣；他時刻以大局為重、以團結為重，從不計較個人得失。他的事蹟炳耀千古，他的英名傳頌四方。正像周恩來同志的題詞指出的那樣：「上下五千年，英雄萬萬千。人民的英雄，要數劉志丹。」

大 國 初 心

趙一曼：
受盡酷刑堅貞不屈的抗日女英雄

未惜頭顱新故國，甘將熱血沃中華。
白山黑水除敵寇，笑看旌旗紅似花。

——趙一曼

趙一曼（1905-1936），四川省宜賓縣人，一
九二六年加入中國共產黨。一九二七年赴蘇聯莫
斯科中山大學學習，次年回國，在宜昌、南昌和
上海等地祕密開展黨的工作。九一八事變後，前
往東北地區參加抗日鬥爭，先後任中共濱江省珠
河縣中心縣委特派員、鐵北區委書記、東北抗日
聯軍第三軍第二團政治委員等職。一九三六年被
日本侵略者殺害，時年三十一歲。

衝出封建牢籠

趙一曼，原名李坤泰，一九〇五年九月十六日出生於四川省宜賓縣
一個封建的鄉下地主家庭。彼時的中國，新舊思潮碰撞激烈，新舊風俗
亦因之產生劇烈衝撞。受新思潮新風俗的影響，趙一曼幼時即對封建的
陳規陋習深惡痛絕。辛亥革命後，反對女子纏足慢慢成為社會共識；但
宜賓地處內陸，風氣開化較慢。趙一曼十歲時，母親循著舊思維讓她裹
小腳，她堅決反對；母親打罵她，強迫她順從，但她就是不肯，甚至用

小刀把家裡為裹小腳準備的小尖鞋全部割爛。趙一曼十三歲時,她的父親因病去世,封建思想嚴重的大哥李席儒負起管家的責任。

一九一九年五四運動爆發,新思想也開始傳入宜賓這個西部小縣。趙一曼想盡辦法找來《嚮導》《新青年》等進步刊物,如饑似渴地閱讀。但家裡反對她閱讀這些進步書刊,於是趙一曼藉口學繡花,在白絹上用筆勾描出淤泥而不染的荷花和鴛鴦戲水圖樣,白天反鎖房門伴稱繡花,把自己關在房間裡讀書;晚上,等家人睡下了她又繼續閱讀。半年時間過去了,一朵荷花還沒繡完,但她的思想卻已發生翻天覆地的變化,她希望到外面的世界去,去親身參與這偉大的時代變革。於是,她提出想到宜賓讀書,但在那個信奉「女子無才便是德」的舊社會裡,這是斷斷不能為家庭所接受的,管家的大哥大嫂明確表示反對。為了爭取讀書的機會,她把自己的遭遇寫成題為《被兄嫂剝奪了求學權利的我》的文章,投稿到向警予主編的《婦女週報》。其中寫道:「我自生長在這黑暗的家庭中十數載以來,並沒有見過絲毫的光亮,閻王似的家長哥哥,死死把我關在那鐵圍城中,受那黑暗之苦。」「我感覺到這一點的時候,我極想挺身起來,實行解放,自去讀書。奈何家長哥哥專橫,不承認我們女子是人,更不願送我讀書⋯⋯請全世界的姊妹們和女權運動者,幫我設法,看我如何才能脫離這個地獄家庭,如何才能完全獨立?」這封信完全激怒了她那家長哥哥,鄉鄰里的封建衛道士也坐不住了,他們聯合起來要求李席儒對這個「行為乖張」的妹妹嚴加管束,最好趕緊給她找個婆家,讓她徹底死心。面對日益禁錮的家庭氛圍,趙一曼感覺呼吸困難,她亟需衝破這封建的牢籠,她一刻也不想在這令人窒息的環境中生活。一九二六年二月的一天,趙一曼乘哥哥與嫂子不在家,離家出走。從此,她告別了那個曾經讓她為之心寒的封建家庭,奔向人生新的征途。

趙一曼離家後徑赴宜賓,在當地共青團組織的幫助下進入縣立女子

中學讀書。在學校裡，她一面抓緊學習文化知識，一面組織帶領同學進行反帝反封建鬥爭。一次，縣教育局下令讓女中學生挽髮髻。趙一曼立刻提出反對，她向同學們呼籲道：「同學們，教育局讓我們挽髮髻，就是想把男尊女卑的封建枷鎖繼續壓在每個女學生的頭上，這是維護封建惡俗。我們乾脆剪掉髮辮，做一個清清爽爽的自己，如何？」同學們紛紛叫「好！」在趙一曼的帶領下，全校女生都剪掉了髮辮，沒有一個人挽髮髻。因為她的聰明勇敢，同學們都很欽佩她。在女中學生會改選時，她被選為常委，並代表女中參加了宜賓學生聯合會，當選為學聯常委。一次，學校布置大家每人寫篇作文。趙一曼有感於社會不公，寫成題為《「不如歸去」與「炒米糖開水」的呼叫聲誰更淒慘》的作文：「春天來了，杜鵑鳥一聲聲『不如歸去』不停地叫著！聽起來不免有些令人難過，催人淚下。『炒米糖開水』是小販的叫賣聲，這種聲音並不像『不如歸去』的叫聲那樣打動詩人的心扉。但我卻認為『炒米糖開水』叫賣聲更淒慘，更令人同情。貧苦的人民，被壓在社會底層，苦難深重，掙扎在饑餓和死亡線上。他們為了求生存，被迫做小販沿街叫賣。這種叫賣聲，深夜傳來，扣人心弦，每每聽之而心情久久難以平靜。這種社會的不平等現象，必須改造它，這是責無旁貸的！」老師們稱讚這篇文章飽含對貧苦大眾的同情，且語言生動筆觸細膩，是縣立女中難得一見的佳作。一九二六年春，中共宜賓特支成立，趙一曼積極加入，成為一名光榮的中國共產黨黨員。

靈活機智開展鬥爭

一九二七年春，趙一曼考入中央軍事政治學校武漢分校。在開學典禮上，趙一曼和同學們聆聽了宋慶齡的演講。宋慶齡演講中表現出來的憂民之心、愛國之情深深地打動了趙一曼，她暗下決心要繼承先烈遺

志，刻苦學習，把革命進行到底。不久，蔣介石發動「四一二」反革命政變，軍校裡的學生也分成尖銳對立乃至兵戎相見的兩派，形勢極度危險。她的同學、宜賓老鄉段福根脫掉軍裝、換上旗袍來勸她一同回老家，趙一曼堅定地說：「我絕不回頭，我要戰鬥下去。我不相信革命就這樣完了，共產黨就這樣失敗了。我要在革命的路上繼續走下去，我相信革命一定會勝利，共產黨一定會勝利。」後來，經黨組織分配，趙一曼隨部隊赴九江，途中因舊病復發，就地隱蔽在老鄉家治療。九月，按照黨組織安排，趙一曼赴蘇聯，進入莫斯科中山大學學習。一九二八年十一月，她自蘇返國，先後在湖北宜昌、江西南昌以及上海從事地下工作。

九一八事變後，黨中央決定加強東北的抗日力量，趙一曼主動請命赴東北開展鬥爭。在哈爾濱，趙一曼領導工人們開展了靈活機智的鬥爭。有時候，他們把抗日標語刷寫到高塔上；有時候，他們把抗日宣傳單擺上敵人的辦公桌；有時候，他們又剪除罪大惡極的漢奸。整個哈爾濱，充滿著高漲的抗日情緒。在哈爾濱期間，她寫下了《濱江述懷》的勵志詩：「誓志為人不為家，涉江渡海走天涯。男兒豈是全都好，女子緣何分外差？未惜頭顱新故國，甘將熱血沃中華。白山黑水除敵寇，笑看旌旗紅似花。」這首詩氣勢磅礴，飽含戰鬥的激情，在工人們中間廣為傳誦，大家因此更加同仇敵愾。敵人則為此惶惶不可終日，加緊了對抗日志士的搜捕和鎮壓，趙一曼的處境更加危險，難以繼續開展工作。於是，中共滿洲省委決定派她到珠河縣領導當地的抗日鬥爭。

一九三四年七月，趙一曼來到珠河縣，任中心縣委委員、特派員和婦女會負責人。此前，趙一曼長期在南方生活、在城市戰鬥，現在來到東北農村開展鬥爭，需要儘快適應新的環境。為此，她一改之前城市女性的打扮，脫下半高跟皮鞋，換上東北農村婦女的服飾。在珠河，趙一曼繼續發揮她卓越的領導才能與靈活機智的鬥爭技巧。有一次，黨組織

需要運送一批槍枝彈藥進山給抗聯部隊，但日軍在各個路口都設置有關卡，盤查甚嚴。趙一曼將槍彈用蠟紙、油布嚴密包裹後放在糞車中，再灌滿糞水，自己化裝成種田農婦拉車而行。敵人不堪糞臭，不願檢查，於是，槍彈被順利送進了山。又有一次，敵人突然進村「討伐」，當時村裡駐有抗日游擊隊的流動醫院，但沒有戰鬥人員，只有趙一曼和一名醫生、一名護士，其他十幾人全是傷患。緊急關頭，趙一曼機智地帶領大家穿插到村子邊一塊剛收割的大豆田裡，藏在成堆的豆稈下面，躲過了危險。當時，戰鬥形勢嚴峻，趙一曼經常帶著戰友們露宿於深山老林。為了鼓舞大家的革命士氣，她一面鼓勵大家與惡劣的自然環境鬥爭，一面給大家講述歷史上民族英雄保家衛國的故事以堅定信心。在她的影響下，戰友們樂觀地唱起歌來，「天大的房，地大的坑，火是生命，森林是家鄉，野草是糧食……」嘹亮的歌聲回蕩在營地上空。

趙一曼的英勇事蹟與鬥爭精神，不僅感染著身邊的戰友。即便是偽軍，亦對其頗為敬畏。一九三四年十二月，大批日偽軍對珠河抗日游擊區展開冬季「討伐」。在戰鬥中，趙一曼不幸被一支偽軍小分隊俘虜了。但她一點也不慌亂，反而把被俘變成了一次精彩的政治宣傳。她對偽軍連長和士兵們說：「日本人在東北燒殺搶掠，難道你們的家人就沒有受到過傷害嗎？！你們都是堂堂七尺男兒，為何不敢起來反抗，挺直腰板做一回中國人呢？！現在日本人勢力強大，要你們倒戈抗日，或許你們做不到。但我提醒你們，不要忘了自己是個中國人，不要跟著日本人做那些傷天害理、殘害同胞的事。現在，我落在你們手裡，要殺要剮悉聽尊便。我寧願死在你們這些中國人的手裡，但絕不死在日本人刀下！」偽軍們被深深地震撼了，他們沒有想到一個弱女子竟有如此見識，居然如此剛烈。偽軍連長深有感觸地說：「共產黨有人才，她講的道理實在感人，每個有靈魂的中國人都不能不服。」最後，他安排當地商會擔保，以錯抓平民為由將趙一曼悄悄釋放。

一九三五年春，黨組織任命趙一曼為鐵北區委書記。由於鐵北區臨近濱綏鐵道，因此敵人常來鐵北區騷擾。為了打擊敵人，趙一曼集中當地百姓手中的槍械組織了一支農民自衛隊。一次，得悉日軍小分隊將「討伐」關門嘴子，趙一曼決定設伏圍殲。她帶領農民自衛隊隱蔽在敵人必經的樹林中，待敵人進入伏擊圈，趙一曼率先擊斃了騎馬的日軍指揮官。其他隊員們群起射擊，敵人群龍無首，大敗而逃。這一仗消滅二十多名日軍，繳槍二十多枝，大大震懾了敵人，瀋陽、哈爾濱等地的日偽報紙《盛京日報》《哈爾濱日報》《大北新報》為之驚呼：「共匪女頭領趙一曼紅纓白馬猖獗於哈東地區」。在趙一曼的帶領下，農民自衛隊越戰越勇，實力不斷壯大，先是改編為地方游擊連，後又擴編為東北人民革命軍第三軍一師二團。在緊張的戰鬥中，趙一曼與東北的鄉親們建立深厚的情誼，她時刻記掛著鄉親們，盡其所能幫助那些被日偽蹂躪生活在地獄中的同胞。有一個故事傳遍東北大地，讓人們對趙一曼充滿著敬仰與熱愛。在一個炎熱的夏日，一對農民夫婦在田裡幹活，瘦弱的丈夫肩負繩子在拉犁，繩子深深地勒進了他本已乾癟的肩膀，病懨懨顫巍巍的妻子勉強在後邊用雙手扶著犁。而此時，他們的孩子正躺在地頭哭鬧。夫婦聽著孩子的哭聲心如刀絞，但他們沒有時間去照看孩子，因為如果今天不犁完這塊田，東家就會對他們又打又罵；況且孩子的母親因為病弱早已沒有奶水餵孩子了。這時，有一位婦女正好從地頭路過，她走過去輕輕地把孩子抱起來，解開衣襟，把自己的乳頭塞進孩子的嘴裡。可是這苦命的孩子由於營養不良，頭上長著瘡，眼睛也腫得睜不開。那位婦女毫不猶豫地用舌尖輕輕舔著孩子的眼睛。孩子終於睜開了眼睛，把兩隻小手放在她的乳房上，不時地看著她的臉，甜甜地笑起來。當孩子的父母放下手中的活計來向這位婦女道謝時，她微笑著把甜睡著的孩子交給母親說道：「好好照顧孩子吧。」農民夫婦目送著這位婦女離去的背影直到看不見為止。後來，他們才知道，這位婦女就是趙

一曼。這個故事不但在百姓中傳頌，得知它的日偽軍亦為之感歎不已。

受盡酷刑折磨絕不投降

　　一九三五年秋，日軍集中兵力對東北人民革命軍第三軍一師二團進行「圍剿」，形勢變得越來越不利。十一月十五日，時任二團政治委員的趙一曼與團長王惠同帶領二團五十餘名戰士在鐵北左撇子溝附近被日偽軍包圍。面對十倍於己、由日軍橫山炮兵預備隊、吉田部隊和偽珠河縣員警隊組成的五百餘敵軍，趙一曼沉著冷靜。她協助團長指揮作戰，與敵展開激戰，連續打退敵軍六次進攻。團長讓趙一曼帶領部隊突圍，趙一曼果斷地說：「你是團長，有責任將部隊帶出去，我來掩護！」在激烈的戰鬥中，趙一曼左手腕受了傷。她突圍隱藏到一座空房子裡，但敵人追蹤而至，戰鬥中，左大腿骨又被擊中，最終昏迷被俘。敵人怕她傷重死去，連夜展開審訊。但無論敵人如何折磨她，她總是堅定地回答：「我的主義就是抗日，正如你們的職責是以破壞抗日逮捕我們為目的一樣，我有我的目的，進行反滿抗日運動並宣傳其主義，就是我的目的，我的主義，我的信念。」敵人感覺趙一曼是抗聯的核心人物，但苦於沒有證據。既然不能從趙一曼身上打開缺口，於是敵人轉而刑訊其他被俘人員，終於獲悉她是「一個以珠河為中心，把三萬農民堅固地組織起來的中心指導者」。確定了趙一曼的身分，敵人如獲至寶，立刻將她轉往位於哈爾濱的偽濱江省警務廳看守所。

　　由於日軍對趙一曼的槍傷根本不予治療，加之連日的嚴刑拷打，她的傷勢嚴重惡化，瀕於垂危。但毫無人性的日本人認為，如果任由趙一曼死亡，則好不容易獲得的線索就會中斷。因此，他們軟硬兼施，妄圖從趙一曼口中獲知楊靖宇、趙尚志、周保中等人領導的東北抗日聯軍的祕密。一次，日本人不顧趙一曼重傷在身強行提審，為了撬開她的嘴，

日本人用兩支鉛筆夾住她的指尖狠壓。骨碎筋斷般的疼痛，讓趙一曼痛不欲生，但日本人看到的只是她眼中仇恨的烈火。但日本人不死心，他們不相信一個弱女子可以扛住嚴酷的審訊，他們自以為酷刑終將擊垮這個「白馬美女」。於是，殘忍的敵人繼續對其施以酷刑，一次比一次殘忍，一次比一次酷虐。日偽檔案《濱江省警務廳關於趙一曼女士的情況報告》和《珠江縣公署檔案》記載下了這一人類戰爭史上空前黑暗的一幕：

「……把竹簽子一根一根地紮進指甲縫內，再一根一根拔出來，再換大一些的，再改用鐵簽……從下午行刑一直到深夜。」「……一口緊一口地往下灌辣椒水和汽油，肚子鼓脹得似皮球，再用杠子在肚皮上一壓，灌進去的液體又全部從口鼻溢出，反覆數次……」「……不斷地用鞭子柄蘸著粗鹽，捅她手腕和大腿上的槍傷傷口，一點一點往裡擰，碰到骨頭時再不停地攪動傷口……」

日軍的暴行在折磨著趙一曼肉體的同時，也在折磨著負責看守照顧趙一曼、同為中國人的偽警董顯勳以及護士韓勇義的心靈。他們早就聽說過趙一曼英勇無畏的鬥爭故事，對於這個馳騁於白山黑水間的女英雄，他們的內心早就欽佩不已。現在，英雄的趙一曼落入日本人手中，為著抗日救國的崇高理想受盡了酷刑折磨，依然志堅如鐵。再想想自己，本來在日本人手下做事就已為人不齒，現在居然又配合日本人在監禁、看守趙一曼這樣的民族英雄，做著有違民族大義的事情，將來有何面目面對世人呢！每每想到這些，董顯勳、韓勇義的內心就一陣陣地刺痛。他們商定，要尋找機會把趙一曼救出去。一九三六年六月二十八日深夜，在周密安排下，董顯勳、韓勇義帶著趙一曼逃出了魔窟。但至為不幸的是，由於趙一曼渾身傷痛不能行走，只能乘坐馬車；因此逃跑路線被敵人偵知，最後在距離游擊區僅二十里的地方被敵人截住，趙一曼被重新帶回濱江省警務廳看守所。

敵人因為這次越獄事件被激怒了，他們野蠻地刑訊趙一曼，想從她的口中獲得關鍵情報。在殘忍的折磨下，趙一曼一次次昏死過去，但又被敵人一次次用冷水澆頭、強灌大量含咖啡因的鹽水等卑劣手段弄醒。然而，等待敵人的是一次又一次的失望。最後，他們決定使用剛剛發明出來的電刑。他們認為，電刑或許可以讓趙一曼屈服。曾任偽滿哈爾濱市南崗員警署司法股警士、參與迫害趙一曼的日本人山本和雄後來悔罪反省，記錄下了日本侵略者這一令人髮指的犯罪過程：「登樂松從椅子上站起來怒氣衝衝地喊道：『哼！這次，你要是再不說出來，可就要揍死你了！』一時間，屋子裡充滿了殺氣。趙女士默默地盯著登樂松的臉，眼神裡充滿了堅貞不屈的信念。這時，感到心中發慌的登樂松沒好氣地吼了一聲：『來人哪！上電刑！』吉村和千田把趙女士的雙手都纏上電線，在登樂松的示意下通上了電流。只一剎那間，趙女士上身顫抖起來，身體開始強直和僵硬。這時，面目猙獰的登樂松又逼問：『快說！你們的部隊在哪裡？』趙女士斬釘截鐵地答道：『不知道！』登樂松瘋狂起來：『你這個混蛋！』他掄起皮鞭就抽了過去。『啪』的一聲，皮鞭狠狠打在趙女士的脖子上，於是立刻腫起一道紅紅的血印。再看趙女士，她仍然以沉默反抗著。惱羞成怒的千田，一邊叫罵著，一面繼續用電刑和鞭子來拷問趙女士，絞盡腦汁想讓她開口。由於重傷和無休止的嚴刑拷打，趙女士的身體愈來愈衰弱了，又昏了過去。就這樣，吉村和登樂松採取了各種野蠻殘酷的手段，最終也沒能使趙一曼屈服。他們從趙女士口中得到的只有這句話：『迄今為止，我的一切行動，都是因為你們這些日本強盜侵略了中國的土地！』由於得不到任何有價值的情報，審訊

▲ 趙一曼和寧兒

後來只好停止了。」

一九三六年七月底，徒勞無獲的偽濱江省警務廳決定將趙一曼押回珠河縣處死。在開往珠河的火車上，她給兒子留下了最後的囑託：「母親對於你，沒有盡到教育的責任，實在是遺憾的事情。母親因為堅決地做了反滿抗日的鬥爭，今天，已經到了犧牲的前夕了。母親和你在生前是永久沒有再見的機會了，希望你，寧兒啊！趕快成人，來安慰你地下的母親。我最親愛的兒子啊！母親不用千言萬語來教育你，就用實行來教育你，在你長大成人之後，希望不要忘記，你的母親是為國而犧牲的。」到了珠河，敵人為了展示他們的「戰果」，同時也為了恐嚇中國百姓，將趙一曼放在一輛馬車上遊街示眾。但讓敵人萬萬沒有想到的是，這給了趙一曼再次展現生命不止鬥爭不息的抗日精神的大好機會。雖然渾身傷痛，但趙一曼強撐著坐了起來，唱起那首她最愛的《紅旗歌》：

> 民眾的旗，血紅的旗，收殮著戰士的屍體，屍體還沒有僵硬，鮮血已染紅了旗幟。……高高舉起呀！血紅旗幟，誓不戰勝，不放手。……牢獄和斷頭臺你來就來你的，這就是我們的告別歌。

一九三六年八月二日，在珠河縣小北門外刑場上，敵人罪惡的子彈射向這個曾經威震東北的女英雄。

趙一曼犧牲了！她的死訊很快傳遍了東北大地，百姓們無不為她常人難以企及的堅忍執著而感動，敵人則莫不為其悲壯決絕而膽戰心驚。據敵人的報告記載：「在押送的途中，她雖然感覺到死亡迫近，但她絲毫沒有表現出驚慌的態度，反而透露了『為抗日鬥爭而死才是光榮』的口吻。」她三次被俘，兩次因為自身的革命精神感化偽軍看守而得以逃

離魔窟。雖然她最終未能逃過日本侵略者的魔爪，但她的事蹟連日本人也不得不佩服。趙一曼，以她三十一歲的生命火炬，激勵國人奮勇抗爭，中華民族亦因千千萬萬個趙一曼而獲新生。人民永遠懷念她！

大 國 初 心

楊靖宇：
棉絮果腹戰鬥至死的抗聯英雄

革命就像一堆火，看起來很小，可燃燒起來能照紅了天，照亮黑夜。革命，不管遇到多大困難總會勝利的。

——楊靖宇

楊靖宇（1905-1940），河南省確山縣人。一九二六年加入中國共產主義青年團，同年五月轉入中國共產黨。他是中國共產黨領導的東北抗日聯軍的主要締造者、指揮者，他領導的抗聯第一路軍，馳騁於白山黑水之間，在極為困難的條件下，給日本侵略者以沉重的打擊。

智取革命武裝第一槍

一九〇五年二月十三日，楊靖宇出生於河南省確山縣李灣村一個貧苦的農民家庭。兒時的楊靖宇，生活非常艱難，五歲時他的父親就去世了，靠著叔父的幫助才得到讀書的機會。目睹舊社會的黑暗，楊靖宇從小就有著強烈的反抗意識。楊靖宇讀小學時，縣教育局一個官員的衣服被盜，該名官員串通差役誣陷是在小學做伙夫的老李頭所為，並將其吊在樹上拷打。楊靖宇那時雖年少體弱，但見此慘狀挺身而出，當面質問差役：「你們太無理，仗勢欺人。你說偷了你們的東西有啥證據？」並號召同學們一起齊心合力將差役們趕出校園，救下了老李頭。一天夜

裡，差役們來校尋釁鬧事，同學們慌作一團。楊靖宇鎮靜自若，手拿柴火爬上教室房梁，大聲對差役們呵斥道：「你們趕快離開，否則我就點火燒房子，那時你們就別想找便宜了。」差役們一看事情難以收場，只好灰溜溜地撤走了。

　　一九二三年，楊靖宇考入開封紡織工業學校。他的入學作文以《勞工神聖論》為題，文筆曉暢見識獨到，取得優異成績。因此，他一入校便引起進步教師賀光吾的注意。在賀光吾的指導幫助下，楊靖宇接觸到了馬克思、列寧的著作，對科學社會主義有了一定的瞭解。一九二五年，五卅運動爆發，楊靖宇積極參與其中，他走上街頭，向群眾大聲疾呼：「我們再不能這樣忍受下去了，我們再不能任憑那些帝國主義劊子手任意槍殺和逮捕我們的同胞。起來吧，同胞們！全中國人民都站起來，舉起鐵拳，拯救我們的祖國，拯救我們的命運。」革命鬥爭的歷練，使楊靖宇更加堅定追求進步的信念。一九二六年五月五日，駐馬店特支批准了楊靖宇的入黨申請。從此，楊靖宇全身心投入黨領導的革命鬥爭中，直至生命的最後一刻。

　　為配合北伐戰爭的順利進行，楊靖宇於一九二六年冬回到家鄉確山縣開展農民運動，並很快組織召開了確山縣第一次農民協會代表大會。在這次會議上，楊靖宇被選舉為縣農民協會會長。楊靖宇深知，要想真正開展農民運動，農民要想真正翻身做主人，沒有「槍」是萬萬不行的。但當時的農民自衛隊只配備了一些大刀長矛，僅僅依靠這些自保都很難，更遑論發動起義支援北伐戰爭。於是，楊靖宇決定設法為農民自衛隊奪取槍枝。當時，確山縣駐紮有軍閥魏益山的一個旅，楊靖宇把奪槍的目標就放在了他們身上。他覺得面對手持槍支的軍閥士兵，搶奪肯定不行，必須智取。於是，楊靖宇經過多日觀察，選定了一個在縣城門口站崗的軍閥士兵，每當其站崗執勤時，就攜帶酒食與其套近乎，並「順便」借槍把玩。又一日，楊靖宇買了酒食請軍閥士兵食用，自己則

拿起槍佯裝做正步走訓練。軍閥士兵眼看楊靖宇拿著槍越走越遠，急忙大喊：「向後轉！」楊靖宇哈哈一笑，大聲回應道：「朋友，我不向後轉，要回家了。」話音甫落，就扛起槍大跨步跑向城外。士兵大驚緊追不捨，哪裡還追得上。就此，確山農民自衛隊有了屬於自己的第一杆槍。依靠這支楊靖宇智取而來的槍，確山農民自衛隊逐漸發展壯大起來，並成為一支在當地舉足輕重的農民武裝力量。

為捍衛廣大農民利益，一九二七年四月四日，楊靖宇領導舉行全縣農民大會，他手提大刀英姿勃發，帶領三萬多農民在確山城外東大操場上高喊：「打倒土豪劣紳！取消苛捐雜稅！」

楊靖宇代表廣大農民歷數反動政府的罪行，要求縣府交出「四大劣紳」，免除苛捐雜稅，釋放關押的無辜農民。被迫來到會場的縣長王少渠面對聲勢滔天的場面，裝聾作啞避而不答，企圖尋機逃走。楊靖宇審時度勢，大聲喊道：「縣長不答應我們的條件，能放他走嗎？」農民們一擁而上將王少渠的官轎搗毀。王少渠一看形勢不利，假意應允，但隨即潛逃回城，並關閉城門與楊靖宇領導的農民軍對抗。王少渠的違諾之舉，極大地激發了農民們的反抗情緒。他們在楊靖宇的領導下，割電線、截火車，切斷內外交通，並用九節雷、土炮猛轟縣城。四月八日，楊靖宇率領農軍攻入城內。次日，一面鮮豔的紅旗在確山城頭冉冉升起。確山農民暴動後，楊靖宇乘勝又組織了劉店秋收暴動，有力地保衛了廣大農民的利益。

馳騁於白山黑水痛擊日寇

一九二九年，楊靖宇按黨組織安排赴東北開展工作，先任中共撫順特別支部書記，後又任中共哈爾濱市委書記、滿洲省委軍委代理書記。一九三二年，楊靖宇奉派前往南滿，組建了中國工農紅軍第三十二軍南

滿游擊隊。在他的帶領下，不到半年時間，游擊隊就作戰六十餘次，消滅日偽軍一百三十餘人。一九三三年，部隊擴編為東北人民革命軍第一軍獨立師，後隨著隊伍壯大，又於一九三四年擴編為東北人民革命軍第一軍，楊靖宇任軍長兼政委。盧溝橋事變後，為適應時局的急劇變化，楊靖宇所部又改編為東北抗日聯軍第一路軍，先後與日軍在新賓黃土崗、本溪大石湖、桓仁大甸子等地激戰，給日軍以沉重打擊。在長期的戰爭中，楊靖宇逐漸形成了成熟的游擊作戰思想，即避強攻弱，乘隙伺虛，讓避大敵，保存自己。具體到戰術層面，楊靖宇又提出「四快」，即「快集中、快分散、快打、快走」，以及「四不打」，即「情況不明不打、準備不好不打、沒有把握不打、硬仗不打」。在楊靖宇機動靈活的戰略思想指導下，抗聯第一路軍取得了一個又一個輝煌的勝利。

為扭轉被動挨打的局面，日軍先後發動多次對抗聯第一路軍的「圍剿」行動，但都被楊靖宇一一粉碎。日本人眼見單純軍事進攻難以取得實效，就改而從壓縮第一路軍活動範圍與生存空間入手，他們採取「集家並屯」的強制措施，遷移百姓建立「集團部落」，限制百姓活動，力圖隔斷百姓與第一路軍之間的聯繫。面對越來越嚴峻的鬥爭形勢，楊靖宇組織戰士在人跡罕至的深山密林中建立起數十座密營，營中建起倉庫，儲備食糧、槍彈、藥品等生活與戰鬥必需品。密營是楊靖宇利用東北特定的氣候及自然環境開展鬥爭的實踐創新，它既是給部隊提供補充給養的場所，也是收容傷兵、修整隊伍的基地。密營的建立，極大地保障了第一路軍的戰鬥力，對於穩定軍心、長期作戰發揮了至為關鍵的作用。為最大限度鼓舞部隊士氣，楊靖宇還親自創作了《東北抗日聯軍第一路軍歌》來激勵戰士奮勇作戰。

　　我們是東北抗日聯合軍，創造出聯合軍的第一路軍。
　　乒乓的衝鋒殺敵繳械聲，那就是革命勝利的鐵證。

正確的革命信條應遵守，官長士兵待遇都是平等。

鐵般的軍紀風紀要服從，鍛鍊成無敵的革命鐵軍。

親愛的同志們團結起，從敵人精銳的槍刀下，

奪回來失去的中國土，解放亡國奴的牛馬生活！

英勇的同志們前進呀！趕走日寇推翻「滿洲國」。

這一次的民族革命戰爭，要完成弱小民族的解放運動。

高懸在我們的天空中，普照著勝利軍旗的紅光。

衝鋒呀，我們的第一路軍！衝鋒呀，我們的第一路軍！

　　此外，楊靖宇作為軍事首長，非常注意愛護戰士。抗聯第一路軍中有一支由十五六歲年紀小戰士組成的「少年鐵血隊」，楊靖宇在日常生活與戰鬥中特別注意對他們的保護。有一次，楊靖宇得知小戰士王傳聖受了腳傷，立刻安排軍醫救治。但由於王傳聖的腳腫得厲害鞋子難以脫下，軍醫只得用剪刀將鞋子剪開為其治療。當時，戰事緊張物資緊缺，戰士們普遍只有一雙鞋，鞋子壞了，如何行軍打仗呢？王傳聖為此焦慮不已！楊靖宇得知此事後，馬上派警衛員將自己的一雙棉襪和鞋子拿給王傳聖，王傳聖激動地說：「這是司令的備用鞋，我不能穿。」警衛員說：「司令知道你腳負傷了，他命令你必須穿上。」一九三七年七月十日，在法國巴黎出版發行的《救國時報》上曾刊載通訊文章《小英雄口中的楊靖宇》，內中寫道：「他有許多地方令人佩服。他不怕犧牲，不怕困難，捨身救國，堅持抗日；他打仗勇敢極了，越是在困難時刻，他越有精神。為了鼓勵有些膽小的隊員，他一人跑在隊伍的最前面，高喊著『前進！』這個時候有楊司令在我們身邊，什麼也不怕了，我們不能落後，不能讓司令員受傷。」

　　在楊靖宇的激勵與關愛下，抗聯第一路軍的戰士們馳騁於白山黑水之間英勇作戰，嚴重動搖了日本對中國東北的殖民統治。鑒於楊靖宇對

東北局面的決定性影響，日本人沮喪地稱其為「滿洲治安之癌」。

由於一時不能依靠武力剿滅抗聯第一路軍，日軍遂寄希望於誘降。他們在第一路軍經常出沒的臨江、集安一帶散布消息：「如果楊靖宇歸順，將委任其為都督，並給其劃定勢力範圍。」楊靖宇根本不為所動，他慷慨激昂地對戰士們發表演講，表明自己絕不投靠日本人的鮮明態度：「為民族解放事業，頭顱不惜拋掉，鮮血可以噴灑，而忠貞不貳的意志是不會動搖的。」日本人不死心，依然抱著僥倖心理，妄圖與楊靖宇建立聯繫。他們先後派了數批說客來拉攏楊靖宇，均被楊靖宇嚴詞拒絕。有一個被楊靖宇處決的說客在行刑前悲哀地說道：「我看到這樣多的中國人和朝鮮人，為拯救祖國，表現這麼堅定，我發現日本人和我一樣愚蠢，他們不知道世界上有一種永遠不知道屈服的人。」

震懾敵膽的決死之戰

楊靖宇領導下的抗聯第一路軍取得的輝煌戰績，極大地刺激了日本侵略者。於是，他們調集重兵對楊靖宇所部進行攻擊。一九四〇年一月初，由於日軍集中兵力持續攻擊，楊靖宇率領的部隊大幅減員，從兩千餘人急劇縮減為數百人，進而銳減到數十人。到一月十日，包括楊靖宇在內僅餘十二人；但日軍緊追不捨，楊靖宇率領部下邊戰邊撤，然寡不敵眾，至二月十五日，楊靖宇身邊只剩下兩名戰士。雖然陷入絕境，但他決意戰鬥到死。由於多日戰鬥未能進食，而自己是日軍重點通緝人物，目標太大，楊靖宇派剩下的兩名戰士到村子裡去找糧食。但恰在此時，日軍發現了楊靖宇的蹤跡，追擊而來。據參加追捕楊靖宇的偽通化省警務廳長岸谷隆一郎事後追述：「楊靖宇只剩一個人了。他無疑比以前更加饑腸轆轆，但是，卻跑得飛快，活像一隻鴕鳥在飛奔。不過，最後我們還是把他趕到了山頂上。」雖然被圍，楊靖宇利用有利地形猛烈

開槍還擊。這時，日本人認為楊靖宇已陷入絕境，除投降外別無生路，於是，日軍派一名叫伊藤的警尉向楊靖宇喊話：「投降吧！」可是讓日本人沒有想到的是，楊靖宇此時已下定赴死的決心，他決定在戰死前利用有限的子彈盡可能多地消滅敵人，於是，他向勸降的日本人回答道：「我投降，別開槍了！投降之前我有話說，你一個人過來！」「好！我現在就去！」當日本人伊藤站起來的剎那間，楊靖宇連開三槍，正中伊藤胸部將其擊斃。伊藤被擊斃，日軍惱羞成怒，他們也終於明白楊靖宇不可能投降。於是，日軍火力齊開，罪惡的子彈如雨點一樣向楊靖宇藏身之處射來。雖然日軍依仗人眾槍多擊中了楊靖宇的左手，看起來佔據了上風，但楊靖宇冷靜觀察，依然找到日軍包圍圈的缺口突圍而出，並利用山高林密的環境甩掉了日軍。

　　二月十八日，在蒙江縣城以東六公里的大東溝，楊靖宇派出找糧食的兩名戰士被日軍發現並殺害，楊靖宇完全陷入孤軍作戰的絕境。為了徹底斷絕楊靖宇的食物來源，日軍討伐隊嚴禁附近進山砍柴的村民攜帶乾糧。到了二月二十三日，日軍根據情報進一步確定了楊靖宇的藏身之所。於是，一支由十九人組成的日軍小分隊乘卡車急速出發趕到楊靖宇藏身地附近，他們發現了楊靖宇在雪地上留下的足跡，遂循跡登山追趕。日軍分成兩組，一組從山頂、另一組從半山腰向隱身於岩石裂縫中的楊靖宇開槍射擊。由於多日未進食，楊靖宇的體力此時已極度透支難以奔跑，但他依然利用山坡的傾斜向山腳滾動而去，並在滾落到山腳後利用地勢的掩護重新向日軍射擊。日軍此時氣急敗壞，他們利用人數眾多並佔據山頂制高點的優勢，向楊靖宇隱蔽處迂迴包抄，並最終逼近到相距僅二十米處，然後，日軍兩股火力一齊向楊靖宇猛烈射擊。十分鐘後，楊靖宇中槍倒地犧牲。參加了與楊靖宇最後一戰的偽通化省警務廳警尉補益子理雄事後回憶說：「我拼命地高喊：『打死了！前進！』當我們跑上前看時，眼前是一個身中數彈的大漢仰面朝天地躺在地上，根

據我掌握的楊的體貌特徵，我感到這就是楊靖宇。經過原來楊的部下的辨認，這確確實實是楊靖宇將軍。」確認身亡者為楊靖宇之後，日軍討伐隊圍在遺體周圍，這時他們才有機會一睹楊靖宇真正的容顏。他們完全難以想像這個曾經馳騁於白山黑水給日軍以沉重打擊的抗聯首領，居然身著不堪穿用的破衣爛衫，而隨身攜帶的抗聯部隊經費六千六百六十餘元卻整整齊齊保存完好。此情此景，日軍一時竟茫然不知所措。據日本隨軍記者寫的《陣中日記》記載，楊靖宇犧牲後，參與追剿行動的日本警佐西谷長時間不敢靠前，甚至於不敢相信自己打死了威震東北、大名鼎鼎的楊靖宇；當最終確認是楊靖宇時，西谷不但沒有表現出絲毫的興奮，反而大哭起來。

日軍將楊靖宇的遺體運到縣城後，殘忍地將其頭顱用鍘刀鍘下運往通化省城示眾。但有一點日軍始終百思不得其解，那就是楊靖宇為什麼在食物斷絕的情況下堅持戰鬥如此之久。為解開這一長久困擾他們的謎團，日軍命令蒙江縣城民眾醫院的醫生對楊靖宇的遺體進行解剖，想看看他的胃腸裡到底有什麼，他到底是靠什麼支撐下來的。但解剖的結果令所有人大吃一驚，楊靖宇的胃腸裡沒有一粒糧食，有的只是難以消化棉絮與樹皮。這深深地震懾了日軍，他們沒有想到中國竟有楊靖宇這般威武不屈的軍人。為表達對楊靖宇的敬畏之情，日軍找來蒙江縣城最有名的木匠，用上等木料雕刻楊靖宇的頭顱安放於遺體之上，將楊靖宇葬於蒙江縣保安村北門外的山崗上。下葬之日，偽通化省警務廳長岸谷隆一郎親自主祭，以日本風俗舉行安葬儀式，並立墓碑一塊，正面大書「楊靖宇之墓」，背面署「岸谷隆一郎，康德七年三月五日立」。楊靖宇的事蹟，給岸谷隆一郎帶來了重大的刺激，「一天之內，蒼老了許多」。此後，他窮盡畢生精力鑽研探究中國抗日將士的心理，並對日本在華罪行產生深深的自責。最終，岸谷隆一郎不堪內心之折磨，毒死妻子和兒女，剖腹自殺。在遺囑中他寫道：「天皇陛下發動這次侵華戰爭或許是

不合適的。中國擁有像楊靖宇這樣的鐵血軍人，一定不會亡國。」可以說，這是敵人給予楊靖宇最高的評價，這是敵人對侵略戰爭最深刻的反省。楊靖宇犧牲時年僅三十五歲，他十幾年的時間都處在緊張的工作與戰鬥中，連回家看看的片刻機會也沒有，他把一生都獻給了偉大祖國的民族解放鬥爭。他在抗聯乃至中國革命史有著重要的地位，他是抗聯唯一的中華蘇維埃共和國中央執行委員、抗聯唯一的中共「七大」準備委員會委員、抗聯唯一被黨中央致敬電點名表彰的領導人，他是在犧牲後當選且唯一與毛澤東、朱德並列當選東方各民族反法西斯大會名譽主席團委員的中共黨員，他是新中國成立後唯一享有政治局委員和元帥規格葬儀的革命先烈。楊靖宇犧牲了，但他不懼強敵戰鬥至死的英勇事蹟激勵著一代又一代的中國人，在中國革命史上留下了濃墨重彩的一頁。

大 國 初 心

江竹筠：
在煉獄中永生的「丹娘」

毒刑拷打，那是太小的考驗。竹簽子是竹子做的，共
產黨員的意志是鋼鐵。

——江竹筠

江竹筠（1920-1949），四川自貢人，一九三
九年加入中國共產黨。先後任中華職業學校地下
黨組織負責人、中共川東臨委及下川東地委聯絡
員，後被捕入獄，又組織獄中鬥爭。一九四九年
十一月十四日，江竹筠被國民黨特務殺害於渣滓
洞監獄，時年二十九歲。

困境中覺醒

江竹筠，原名江竹君，一九二〇年八月二十日出生於川南自貢大安
區愛和鄉一個貧苦的農民家庭。江家世代為農，但到了江竹筠的父親江
上林這一代，他不願再做一個終年勞作難得溫飽的農民，決意離開那個
貧困且閉塞的小山村，到城市去闖生活。為此，他離開家鄉來到重慶闖
蕩，但未料謀生艱難諸事不順，最後竟過起了衣食無著的流浪生活。江
竹筠就是在這樣家庭環境下出生的。她出生的時候，父親不在家，媽媽
李舜華獨立支撐著這個貧苦的家。之前，李舜華已生過兩個孩子，但都
夭折了。因此，作為一個沒有丈夫可以依靠的女人，李舜華將人生所有

的希望寄託在這個剛出生的女兒身上。江竹筠兩歲時，弟弟出生了。沒有父親的庇護，母子三人相依為命。

江竹筠八歲時，家鄉大旱顆粒無收，生活難以為繼。母親帶著她和弟弟來到重慶投靠外婆，住在舅舅家。當時，她的舅舅經商成功，家境殷實。但她的舅媽對這個鄉下逃荒來的窮親戚很不待見，對江竹筠和她的弟弟總是無故斥責，有時甚至奪過碗筷不許他們吃飯。這時，年幼的弟弟總會號啕大哭，而江竹筠則強忍淚水，默不作聲。為了不受人白眼，母親一來到舅舅家，就承擔起了日常家務，江竹筠和弟弟也要做些力所能及的家務事。

過了兩年，外婆去世。沒有了外婆這一層關係，母親知道很難再在舅舅家住下去，於是便帶著江竹筠與小兒子主動搬了出來。母子三人在東水門附近租了一間小房子，靠母親做一些針線活艱難維持生活。這時，在重慶蜀通輪船公司做工的父親偶爾也給他們一點經濟上的幫助，終於讓已經十歲的江竹筠有了去道門口一所小學讀書的機會。母親對這來之不易的讀書機會特別看重，想著自己悲慘的命運，她絕不願自己的女兒重蹈覆轍，對她們這些苦命的人而言，讀書或許是唯一改變命運的機會。要去上學的那天早晨，母親眼含熱淚，緊緊拉住江竹筠的手說：「孩子，好不容易才上學，一定要發奮讀書啊！」看著母親枯黃消瘦的面龐，江竹筠暗下決心，一定要努力學習，不辜負母親的期望。可是江竹筠上學不久，她的父親就因輪船公司破產而失業了。自感時運不濟、命運多舛的父親意志消沉，獨自回到家鄉，沒過幾年就鬱鬱而終了。

父親病故，母親一人單憑針線活難以負擔江竹筠的學費，就到南岸大同襪廠做工。看到家境如此艱難，江竹筠主動退學，和母親一起在襪廠做工。不幸再次降臨這個苦難的家庭，她的弟弟患上了軟骨病，為了照顧弟弟，江竹筠與母親被迫辭工。幸而這時舅舅伸出了援手，請江竹筠的母親去做保姆，又送江竹筠姐弟去孤兒院小學讀書。重獲讀書機會

的江竹筠欣喜異常，她更加努力讀書，一刻光陰也不浪費，常常取得班級第一乃至全校第一的好成績。

在孤兒院小學，江竹筠認識了對她一生產生重大影響的進步教師丁堯夫。當時，共產黨與紅軍已活躍於大巴山區，反動派驚恐萬分。為了蠱惑人心，切斷共產黨紅軍與百姓間的聯繫，地主官僚們四處造謠，宣稱「共產黨就是共產共妻！」「共產黨員是紅眉毛綠眼睛，最愛殺人放火！」「徐向前的嘴巴有斗碗那般大，每天要吃三個小孩！」凡此種種，不一而足。孤兒院的老師們也大多以此恐嚇學生，要求學生們千萬不可與共產黨來往。丁堯夫則對這些謠言嗤之以鼻，他利用上課的機會，給同學們講述一八四〇年以來中國的悲慘際遇，講述仁人志士的抗爭與犧牲；從鴉片戰爭、甲午戰爭、八國聯軍侵華戰爭到九一八事變；從太平天國運動、戊戌變法、辛亥革命到五四運動，再到大革命的失敗；從林則徐、洪秀全、秋瑾到孫中山；這一幕幕歷史事件、一個個鮮活的歷史人物，讓江竹筠和同學們心潮澎湃。

在丁堯夫的幫助下，江竹筠閱讀了蔣光慈的《鴨綠江上》、郭沫若的《匪徒頌》、魯迅的《狂人日記》，這些文章讓江竹筠的心靈受到深深的震動。她開始理性地認識社會，反思自己過往的經歷，思考自己家庭的命運。她覺得，那些污蔑共產黨的謠言根本不值一駁，現實社會的黑暗早已將那些虛偽的諾言徹底戳穿。在她的內心深處萌生出一個大膽的想法，她要改造這黑暗的舊社會、推翻這人壓迫人的舊制度，她要去找共產黨。

一九三六年，江竹筠小學畢業，考入南岸中學。一九三七年，全面抗戰爆發。江竹筠隨即投入轟轟烈烈的抗日宣傳中，她與同學們走上街頭，含淚高歌：「向前走，別退後，生死已到最後關頭。同胞被屠殺，土地被強佔，我們再也不能忍受！」一九三八年五月，《新華日報》在重慶設立分館並公開發行，江竹筠立刻訂閱並如饑似渴地閱讀。就此，

她終於可以直接聽到黨的聲音了，對時勢的理解也越來越深刻，她覺得共產黨的路才是實現民族解放與社會進步的正路。一九三九年春，江竹筠考入中國公學附屬中學讀高中。在這裡，她結識了同為學生的中共地下黨員戴克宇。在戴克宇的幫助下，江竹筠進步很快，入學不久就提出了入黨要求。黨組織負責人找她談心：「入黨幹革命會遇到很多困難和危險，很多黨員同志都犧牲了。我們也有可能犧牲，你考慮過這些嗎？」江竹筠堅定地說：「我是窮人家的孩子，入黨就是要幹革命，改變這黑暗的世道！入黨幹革命是我此生唯一的追求，即便犧牲亦在所不辭！」一九三九年夏，江竹筠正式加入中國共產黨，走上革命的道路。

逆境中奮進

一九四〇年秋，中國公學停辦，江竹筠轉入中華職校會計訓練班學習。畢業後進入重慶婦女慰勞總會工作，並擔任新市區區委委員，按照黨組織「隱蔽精幹、長期埋伏、積蓄力量、以待時機」的指示開展工作。一九四三年五月，二十三歲的江竹筠接到了組織安排的一項特殊任務，就是與中共重慶市委第一委員彭詠梧假扮夫妻。原來，彭詠梧當時公開的身分是中央信託局職員，住在集體宿舍，開展地下工作十分不便。當時，信託局計劃給已婚職員分配住房。黨組織獲悉後認為，如果彭詠梧能以已婚的身分分得住房，不論是掩護自己還是開展工作，都將大有裨益。於是，黨組織立刻安排彭詠梧與江竹筠「結婚」，他們的新房亦馬上成為中共重慶市委的祕密機關。一九四四年初春的一天，江竹筠到《新華日報》營業部買書，歸途中發現被國民黨特務跟蹤。甩掉特務回家後，江竹筠立刻向彭詠梧報告此事。考慮到自己有可能已引起敵人注意，為市委祕密機關安全起見，江竹筠根據黨組織安排轉移到成都，改名江志煒，於一九四四年九月考入四川大學。

入讀四川大學時，江竹筠已二十四歲，因此她以學姐的姿態與同學們相處，生活上照顧、思想上關心，很快在同學們中間樹立了威信。她利用一切機會啟發同學們認識黑暗社會的本質。一次，她與幾個同學路過一家工廠。想到同學們接觸社會不多，她就問大家：「有在工廠做過工的嗎？」幾個同學都說沒有。她就啟發大家說：「工人都是很樸實的人，每天生產各種各樣的產品，我們的生活離不開他們。可是他們付出很多，資本家開給他們的工資卻很少！」幾句話就讓大家搞清楚了什麼是剝削與壓迫。還有一次，江竹筠與幾位女同學看蘇聯電影《夜鶯曲》。回校的路上，同學們情不自禁地哼起了影片的插曲：「河邊林中，夜鶯在歌唱。為何歌聲充滿淒涼？」一個女同學對大家說：「今天的電影真好看，那個女主角真是太勇敢了！」江竹筠看到大家情緒高漲，乘機講道：「蘇聯衛國戰爭中，出了一個青年女英雄卓婭，她被捕後受盡折磨但堅貞不屈。德國法西斯要殺害卓婭時，她光著腳，在風雪中唱著《國際歌》從容地走向刑場，蘇聯人民稱她為丹娘。」幾個同學聽後，都為卓婭的英雄事蹟感動不已。

　　江竹筠在川大讀書時，生活非常簡樸，衣著打扮和一般貧窮的學生別無二致。當時，特務橫行，即便是川大校園也常有特務出沒。特務們有句口頭禪：「大學生中，女的梳雙毛根，男的穿草鞋，都是共產黨。」江竹筠得知後，為了工作方便，便特意把頭髮梢燙卷，嘴唇也塗上淡淡的口紅，再穿上一雙半高跟皮鞋，以此來迷惑敵人。有一天晚上，江竹筠召集川大進步學生組織的「婦女之聲讀書會」的十幾位會員正在女生宿舍集會，準備討論開展學運的相關情況。忽然，在外面放哨的女同學匆忙進來報告：「墨索里尼來了！」話音剛落，思想反動的訓導長丁作韶帶了兩個訓導員和女生宿舍舍監一起闖進屋來，丁作韶張口就說：「你們又在祕密集會吧！」江竹筠不慌不忙地說：「訓導長，難道同學們一起讀書也有錯嗎？你這樣闖進來，不是擾亂我們的學習嗎？」由於

事發突然，同學們沒有來得及收拾，丁作韶一眼瞥見了放在桌上的《新華日報》，他拿起報紙對江竹筠厲聲說道：「這就是你說的學習？這是共產黨的報紙！你們讀書會就是在搞共產黨的祕密集會。」說完，他喝令女舍監把參會學生的名字全都登記下來。江竹筠一把攔住女舍監，用手指著書架說：「我們書架上也有《中央日報》《掃蕩報》，這又算是跟誰搞祕密活動呢？你說我們讀報便是祕密集會，請你拿出證據來！」同學們也紛紛說道：「就是，說我們祕密集會，拿出證據來！」丁作韶一看同學們都鬧了起來，再一看江竹筠那時髦的裝束，覺得不好對付，加之又沒有真憑實據，只得灰溜溜地離開了。

在江竹筠的帶動下，逐漸以她為中心聚集了一批積極向黨靠攏的積極分子。江竹筠特別珍視這些風華正茂的同學，積極向他們傳授黨的理論知識與自己的鬥爭經驗。大家進步很快，有同學甚至向江竹筠談到自己夢想為革命犧牲的場景。江竹筠聽後，語重心長地說：「為革命而犧牲，這是難免的。但是，犧牲並不是我們參加革命的目的，無謂的犧牲是不值得的，我們的目的是贏得革命的最後成功。如果自己不慎被捕了，只能說敵人已經知道或者自己公開的活動，其他的一概推說不知，更不能涉及其他同志。敵人是非常兇狠狡猾的，要善於把法庭和刑場作為新的戰場，向群眾揭露反動派的真實面目，宣傳革命真理，堅決鬥爭到最後一刻。講些什麼話，都要事先想好，這樣到時候才能沉著應對、從容鬥爭。」

一九四五年上半年，江竹筠回到重慶。曾經患難與共的鬥爭經歷讓她與彭詠梧相愛了，他們從假夫妻變成了真伴侶。婚後，江竹筠回到川大繼續上學。一九四六年四月，江竹筠因難產住進華西大學附屬醫院，她要求醫生在剖腹接生時順便給她做絕育手術。這在那個時候是非常罕見的，身邊的人勸她慎重，她卻堅持不變。因為她考慮到自己從事地下工作，會面臨許多危險，時刻有犧牲的可能，因此不願多生孩子，以免

影響工作。

　　一九四六年七月暑假，江竹筠回到重慶。這時，國民黨正忙於打內戰，全國各地一片反戰之聲。為應對時局變化，重慶市委抓緊開展地下黨組織的建設，彭詠梧作為市委委員，工作非常繁忙。因此，黨組織決定讓江竹筠留在重慶協助彭詠梧開展工作。一九四七年十月，中共川東臨時工作委員會成立，彭詠梧任川東臨委委員兼下川東地工委副書記，領導雲陽、奉節、巫山及巫溪等地的武裝鬥爭。十二月，江竹筠以下川東地工委聯絡員的身分隨彭詠梧到達雲陽，開展下川東暴動的準備工作。考慮到暴動成功後，亟需大量幹部，彭詠梧派江竹筠回重慶向川東臨委報告，請求支援。江竹筠回重慶後，下川東地區情況突變，暴動被迫提前，雖然初戰勝利，但很快被敵人的優勢兵力包圍。一九四八年一月十六日，彭詠梧率游擊隊突圍時壯烈犧牲。

　　彭詠梧的犧牲，讓江竹筠悲痛不已。彭詠梧不僅是她的丈夫，更是她志同道合的戰友。江竹筠決定完成丈夫同時也是親密戰友的遺志，前往下川東繼續開展工作。川東臨委考慮她此行有較大危險，且孩子尚小需要照顧，不同意她的請求，讓她留在重慶工作。但江竹筠去意已決：「下川東的組織關係只有我最熟悉，別的同志很難代替。我要在老彭倒下的地方繼續戰鬥。」見她如此堅決，川東臨委只得同意了她的請求。

「酷刑是太小的考驗」

　　一九四八年二月，江竹筠來到萬縣，為掩護身分，先在一所小學兼課，之後經川大校友廖威介紹，到萬縣法院收費處做收費員。不料就在此時，中共重慶市委副書記冉益智叛變投敵。由於冉益智掌握重慶及下川東地區黨的大量祕密，黨的組織很快受到敵人的破壞，很多同志相繼被捕。六月十一日，冉益智帶領特務來到萬縣，抓捕了下川東地工委書

記塗孝文。塗孝文被捕後，在敵人酷刑下很快叛變，江竹筠因此暴露。

六月十四日中午飯後，江竹筠走出萬縣法院，準備找地下交通員送出一份情報。離開法院不遠，突然聽到有人叫她：「江竹筠！」她回頭一看，發現是冉益智；在重慶時，冉益智與彭詠梧工作上有過聯繫，因此也認識江竹筠。「這段時間形勢緊張，冉益智作為重慶市委副書記，怎麼會跑這麼遠來到萬縣？」想到這裡，江竹筠下意識地警覺起來：「你怎麼來了？」「老王叫我來找你！」老王是川東臨委書記王璞，按照工作紀律，是絕不能在公開場合提及黨內人物名號的。江竹筠斷定冉益智肯定已經叛變，扭頭便走。冉益智見狀，三步並作兩步，上前將江竹筠攔下。江竹筠一把推開他，厲聲呵斥道：「閃開！你想幹什麼？」話音未落，幾個特務一擁而上，將她逮捕。

六月下旬，江竹筠被押解至重慶。蔣介石西南行轅二處處長徐遠舉得知江竹筠是彭詠梧的妻子，又曾任下川東地工委聯絡員，認定她掌握著下川東地區中共黨組織的祕密。因此決定親自審問，妄圖借此將下川東地區的中共力量一網打盡。

徐遠舉為了給江竹筠形成所謂的「震懾」，特意在辦公室布置了各色刑具，老虎凳、吊索、電刑機器、「披麻戴孝」（有刺的鋼鞭）、水葫蘆、火背篼、撬杠等陳列於室內兩側，顯得陰森而恐怖。但當特務把江竹筠帶進辦公室時，面對這滿屋的刑具，江竹筠的嘴角浮現出一絲輕蔑的表情。徐遠舉沒有想到這個身高只有一百五十公分、長著一張娃娃臉的女共產黨員竟有如此的氣魄，他強壓著怒火問道：「你們的組織都有些什麼人？你的領導是誰？」

江竹筠平靜地回答：「我沒參加什麼組織，也沒有什麼領導。我只是一個普通的法院職員。」

徐遠舉冷笑著走上前說：「江竹筠，你的身分我們早就掌握了。這是什麼地方，想必你也清楚。不如老實交代，免受皮肉之苦！」

「我沒什麼可交代的！你們抓錯人了！」

「到這個地步了，你還嘴硬！」徐遠舉咆哮道：「來人，把她的衣服給我剝光！」

「無恥！雖然你也有母親、姐妹，但我想這禽獸不如的事，你必定是很拿手的！」

當著室內眾多男女特務的面，徐遠舉感覺顏面盡失。他惡狠狠地吼道：「馬上給我用刑！」

幾個特務湧上前來，七手八腳將江竹筠捆綁在老虎凳上，在她的腳下墊進磚頭，一塊、兩塊、三塊，江竹筠很快痛暈了過去。一盆冷水澆來，江竹筠又慢慢蘇醒過來，膝蓋部位鑽心的痛一陣陣襲來，但她咬緊牙關不吭一聲！

徐遠舉獰笑著說：「江女士，現在可以說了嗎？」

「你這個惡魔！殘害無辜的惡魔！你會得報應的！」

「接著給我用刑！我看你能撐到什麼時候！」徐遠舉面目猙獰地喊道。整整一個上午，特務們用各種刑具折騰了個遍，依然沒有任何收穫！沮喪的徐遠舉只能命人將江竹筠關進渣滓洞監獄。

幾天後的一個早晨，徐遠舉又派人到渣滓洞監獄刑訊江竹筠。除過常見的刑具外，殘忍的特務這次用一種特製的四棱筷子夾住江竹筠的手指，慢慢持續用力，待她將要昏死時暫停，隨後又是持續加力。反復如此，對江竹筠肆意折磨。但特務們又是白忙活了一天，江竹筠依然隻字未吐。

黃昏時分，江竹筠被架回牢房。獄友們看著滿身傷痕、手指變形的江竹筠，忍不住熱淚盈眶。江竹筠的事蹟很快在整個渣滓洞監獄傳開，獄友何雪松代表全體難友寫詩讚頌她：

你是丹娘的化身，

你是蘇菲婭的精靈。

不，你就是你，

你是中華兒女革命的典型。

關押在渣滓洞監獄的詩人蔡夢慰為她寫下新的詩篇：

可以使皮肉燒焦，

可以使筋骨折斷，

鐵的棍子，

木的杠子，

撬不開緊咬著的嘴唇。

那是千百個戰士的安全線呵，

用刺刀來剖腹吧，

挖得出來的，

也只有又紅又熱的心肝！

獄友們的鼓勵讓江竹筠無比激動，雖然手指被夾壞不能寫字，她還是請同室難友代為回信：「毒刑拷打，那是太小的考驗。竹簽子是竹做的，共產黨員的意志是鋼鐵！」

江竹筠入獄前後，人民解放戰爭正在不斷取得勝利。雖然身處高牆之內，但江竹筠從獄吏及特務們日漸惶恐不安的表情上，敏銳地察覺到了新中國即將誕生的資訊。她欣喜萬分，組織獄友們加強學習。沒有書本，江竹筠就組織大家把筷子磨成竹簽做筆，把爛棉絮燒成灰加水調製成墨水，在如廁用的毛邊紙上憑記憶寫出《新民主主義論》《論共產黨員的修養》等文章的大綱，一起學習提高。她通過努力，將監獄看守黃茂才爭取過來，通過他給獄外的黨組織帶信，報告獄中鬥爭情形：「我

們在牢裡也不白坐，我們一直在不斷地學習。」但是，對於敵人的殘忍，她也有著清醒的認識：「我們到底還是虎口裡的人，生死未定，萬一他作破壞到底的孤注一擲，一個炸彈兩三百人的看守所就完了。這可能我們估計的確很少，但並不是等於沒有！」

一九四九年八月，江竹筠感覺到已陷入窮途末路的敵人可能會做最後的瘋狂掙扎，她已做好犧牲的準備。但她十分掛念自己的孩子，她托黃茂才帶出了她的最後一封信。在這封給彭詠梧的妻弟譚竹安的信中，江竹筠念念不忘的仍然是希望孩子繼承自己未竟的遺志：「假如不幸的話，雲兒就送你了。盼教以踏著父母之足跡，以建設新中國為志，為共產主義事業奮鬥到底。」

十一月十四日上午九時左右，一群武裝特務衝進渣滓洞監獄來到女牢，惡狠狠地喊道：「江竹筠收拾行李，馬上轉移。」江竹筠知道，犧牲的時候到來了。她脫下囚衣，換上自己那件藍布旗袍，又將玫瑰色的短毛線衣套在上面，對著鏡子整理好頭髮，昂首步出牢房。特務們將江竹筠押至電臺嵐埡，迎著敵人射出的子彈，江竹筠高聲大呼：「打倒反動派！中國共產黨萬歲！」響亮的口號穿越山林，久久迴旋！

烈士之所以為烈士，乃在其犧牲之壯烈。對於一名共產黨員而言，忠誠，則是壯烈最好的注腳。中國共產黨之所以能夠在艱難困苦的鬥爭環境中從小到大、從弱到強，就是因為有無數江竹筠般的優秀共產黨員忠誠於自己的理想、忠誠於黨的事業、忠誠於民族的解放。一九六四年九月四日，根據江竹筠鬥爭經歷改編的歌劇《江姐》在全國正式公演，掀起巨大反響，曾創下一年演出兩百八十六場的紀錄，在全國形成了一股「江姐熱」。直至今日，「江姐」的形象依然活躍於舞臺與螢幕，感染著、教育著一代又一代的中國人！江姐不死！英雄不死！

REFERENCE　主要參考文獻

中共中央黨史研究室編：《中國共產黨歷史》（第1卷），中共黨史出版
　　社，2011年版。

中共黨史人物研究會編：《中共黨史人物傳》（第1、2、3、4、6、8、
　　11、12、15、25、28、35、38、39、74卷），中國人民大學出版
　　社，2017年版。

歐陽淞主編：《中國共產黨人的故事》（第1輯），中國方正出版社，
　　2017年版。

《李大釗全集》，人民出版社，2013年版。

河北省政協文史資料研究委員會編：《河北文史資料選輯》（第3輯・李
　　大釗年譜專輯），河北人民出版社，1981年版。

河北省樂亭縣紀念李大釗誕辰一百週年辦公室編：《李大釗》，1989年
　　印。

朱成甲：《李大釗傳》，中國社會科學出版社，2009年版。

朱成甲：〈李大釗與中國共產黨的創建〉，《中國社會科學報》，2011年7
　　月12日。

任慶海等：〈李大釗被害與張作霖編造偽證〉，《團結報》，2013年6月27
　　日。

《瞿秋白文集》，人民出版社，1998年版。

王鐵仙：《瞿秋白傳》，人民出版社，2011年版。

陳鐵健：《瞿秋白傳》，上海人民出版社，1986年版。

中共龍岩地委黨史資料徵集研究委員會編：《浩氣貫長虹——紀念瞿秋白就義五十週年》，1985年印。

中共常州市委：〈開拓光明之路的先驅者——紀念瞿秋白同志誕辰一百週年〉，《求是》，1999年第2期。

汪東林：〈宋希濂談瞿秋白〉，《黨的建設》，1996年第1-2期。

陳鐵健：〈最後的鬥爭——瞿秋白就義前後〉，《近代史研究》，1980年第3期。

張曉莘：〈瞿秋白少年時代生活側記〉，《新文學史料》，1985年第2期。

《陳望道全集》，浙江大學出版社，2011年版。

鄧明以：《陳望道傳》，復旦大學出版社，2005年版。

陳振新：〈走進〈共產黨宣言〉翻譯者陳望道的不同面〉，《檔案春秋》，2016年第10期。

申江：〈一生奮鬥，風範永存——紀念陳望道誕辰100週年〉，《群言》，1991年第1期。

《王盡美文集》，人民出版社，2011年版。

王音、孫昉：《王盡美》，濟南出版社，2012年版。

房曉軍、胡業福、耿國華：〈王盡美思想探析〉，《山東理工大學學報（社會科學版）》，2011年第2期。

于桂芬：〈京奉鐵路工人大罷工與工人運動的傑出活動家王盡美〉，《社會科學戰線》，2002年第6期。

《張太雷文集》，人民出版社，2013年版。

林鴻暖：《張太雷》，廣東人民出版社，2009年版。

丁言模、李良明：《張太雷研究新論》，華中師範大學出版社，2016年版。

張太雷紀念館編：《張太雷研究史料選》，中央文獻出版社，2007年版。

王一知：〈回憶張太雷〉，《近代史研究》，1983年第2期。

楊飛、李美玥：〈廣州起義中的張太雷〉，《世紀橋》，2012年第4期。

范曉春：《陳延年》，中國工人出版社，2017年版。

黃潔薇：《陳延年》，吉林文史出版社，2012年版。

趙志峰：〈吳稚暉出賣陳延年〉，《黨史博覽》，1999年第12期。

馬齡國：〈陳延年之死〉，《貴陽文史》，2004年第2期。

肖元：〈我們是黨員要艱苦奮鬥——記陳延年〉，《上海黨史研究》，
　　1996年第5期。

陳永紅：〈站著被亂刀砍死的陳獨秀長子陳延年〉，《廣東黨史》，2009
　　年第4期。

黎顯衡：《蕭楚女》，廣東人民出版社，1982年版。

李暢培：《蕭楚女傳》，重慶出版社，1991年版。

吳孟輝：〈蕭楚女同志在瀘州〉，《重慶師範學院學報（哲學社會科學
　　版）》，1981年第2期。

郝謙：〈蕭楚女在新蜀報〉，《新聞研究資料》，1981年第1期。

蔣曉麗：〈字挾風雷聲成金石——蕭楚女在四川的報人生涯〉，《新聞
　　界》，1991年第3期。

《羅亦農文集》，人民出版社，2011年版。

李良明：《羅亦農》，中國工人出版社，2016年版。

閆峰：《羅亦農》，吉林文史出版社，2012年版。

張定坤：〈少年羅亦農的故事〉，《湖南黨史》，2000年第4期。

彭光明、胡慶雲、胡建濤：〈羅亦農的故事〉，《湘潮》，2002年第3期。

金再及：〈李維漢等回憶羅亦農〉，《百年潮》，2002年第6期。

龍正才：〈羅亦農姓名拾趣〉，《湖南黨史月刊》，1988年第4期。

《向警予文集》，人民出版社，2011年版。

舒新宇：《向警予》，中國工人出版社，2017年版。

龔昕：《向警予的故事》，中國社會出版社，2006年版。

湖南省婦女聯合會編：《懷念向警予同志》，湖南人民出版社，1979年版。

張輝：〈向警予：大革命時代的模範婦女領袖〉，《上海黨史與黨建》，2016年第10期。

何先義、唐德佩、何先培：〈向警予同志生平事蹟年表〉，《湘潭大學學報（社會科學版）》，1987年第3期。

徐擁軍、楊雪瑾：《夏明翰》，天津教育出版社，2017年版。

王文玉：〈夏明翰就義前寫給三位親人的家書〉，《黨史博采》，2016年第10期。

夏德轅：〈深切懷念夏明翰叔叔〉，《武漢大學學報（哲學社會科學版）》，1979年第1期。

盛義良、曹志輝：〈毛澤東與夏明翰的師生情誼〉，《湖南黨史》，2000年第5期。

嚴慧明：〈革命先驅夏明翰〉，《衡陽日報》，2010年10月23日第4版。

曾寶華、朱鳳霞：《刑場上的婚禮：革命烈士周文雍陳鐵軍》，吉林人民出版社，2011年版。

閆勳才：《周文雍陳鐵軍夫婦》，吉林文史出版社，2012年版。

陳立德：《刑場上的婚禮》，湖北人民出版社，1979年版。

中共佛山市委黨史研究室編：《熱血鑄忠魂》，2004年印。

謝燕章：〈智劫周文雍〉，《廣東黨史》，2004年第5期。

《彭湃文集》，人民出版社，2013年版。

徐玉鳳：〈彭湃：燒自己田契的「農民運動大王」〉，《紫光閣》，2016年第7期。

廣東省委黨史研究室：〈為農民利益鞠躬盡瘁——彭湃〉，《粵史資政》，2016年第2期。

吳繼金：〈彭湃的革命藝術宣傳〉，《紅廣角》，2016年第10期。

馮資榮、何培香：《鄧中夏年譜》，中國文史出版社，2014年版。

姜平：《鄧中夏的一生》，南京大學出版社，1986年版。

王茂林：〈在鄧中夏同志誕辰一百週年紀念大會暨鄧中夏銅像揭幕儀式
　　上的講話〉，《湖南黨史》，1994年第6期。

黃建東：〈用生命譜寫燦爛詩篇──鮮為人知的鄧中夏詩作〉，《黨史文
　　匯》，2013年第9期。

黃景鈞：〈史良營救鄧中夏的難忘經歷〉，《中國律師》，2010年第3期。

劉功成：〈鄧中夏──傑出的無產階級詩人〉，《大連大學學報》，2016
　　年第5期。

呂芳文：《陳樹湘傳》，吉林文史出版社，2011年版。

曾漢輝：〈紅三十四師的誕生和戰鬥歷程〉，《福建黨史月刊》，2010年
　　第12期。

韓偉：〈紅三十四師浴血奮戰湘江之側〉，《黨史資料與研究》，1986年
　　第3期。

劉豹：《劉伯堅》，人民出版社，2013年版。

陳永久：《劉伯堅將軍傳》，解放軍出版社，1987年版。

林天乙：〈劉伯堅同志在獄中述評〉，《革命人物》，1986年第1期。

孟昭庚：〈劉伯堅烈士家書〉，《黨史縱覽》，2014年第4期。

鄧壽明：〈掩護紅軍長征的劉伯堅〉，《四川黨的建設》，2005年第12期。

孟勁帆、曾祥健：〈劉伯堅：寧都暴動的幕後英雄〉，《黨史文匯》，
　　1997年第2期。

《方志敏傳》編寫組：《方志敏傳》，江西人民出版社，1982年版。

方志敏：《可愛的中國》，人民文學出版社，2004年版。

張知：《方志敏將軍傳》，解放軍出版社，1983年版。

葛鳳倫、劉繼賢：〈贛東北根據地和紅軍的創建者方志敏〉，《軍事歷
　　史》，1985年第4期。

陳威：〈方志敏：愈艱苦，愈奮鬥！愈奮鬥，愈快樂！〉，《中共黨史研究》，1999年第5期。

余伯流：〈方志敏在中國革命史上的歷史地位及其深遠影響〉，《江西社會科學》，1999年第8期。

《劉志丹文集》，人民出版社，2012年版。

李振民、張守憲：〈劉志丹傳略〉，《西北大學學報（哲學社會科學版）》，1980年第3期。

劉明鋼：〈劉志丹之死〉，《文史天地》，2007年第2期。

王健：〈周恩來與劉志丹〉，《百年潮》，2014年第2期。

賴晨：〈習仲勳與劉志丹〉，《檔案時空》，2013年第1期。

夏征難：〈志丹精神浩然長存〉，《軍事歷史》，2004年第3期。

戚厚傑：《巾幗英雄趙一曼》，南京出版社，2016年版。

溫野：《碧血英魂——趙一曼傳》，黑龍江人民出版社，2005年版。

（日）大野泰治：〈我殘酷地刑訊了趙一曼〉，《山西文史資料》，1995年第3期。

（日）山本和雄：〈我所見到的抗日女英雄趙一曼〉，《黨史文匯》，2002年第7期。

趙珊：〈巾幗英雄美名傳：趙一曼生平事略〉，《黨史縱橫》，2002年第9期。

王嵐：〈趙一曼的告別歌〉，《黨的建設》，2005年第12期。

陸其國：〈趙一曼脫虎口又陷魔掌〉，《人民論壇》，1995年第8期。

《楊靖宇傳》編委會：《楊靖宇傳》，當代中國出版社，2016年版。

肖顯志：《楊靖宇》，天津教育出版社，2017年版。

楊瑰珍：〈日軍部分頭目談楊靖宇遇難〉，《黨史文匯》，1995年第11期。

李翔：〈楊靖宇將軍的青年時代〉，《黨史天地》，2001年第1期。

丁帆：〈密營裡的歌聲——楊靖宇和抗聯戰歌〉，《黨史縱橫》，1996年

第11期。

梁輝、徐晶：〈楊靖宇和他的少年鐵血隊〉，《黑龍江檔案》，2001年第6
　　期。

盧光特、譚重威：《江竹筠傳》，重慶出版社，1982年版。

曾寶華：《江竹筠》，吉林人民出版社，2011年版。

趙錫驊：〈江姐在四川大學〉，《紅岩春秋》，2004年第6期。

盧光特：〈江竹筠同志生活片段〉，《貴州文史叢刊》，1981年第2期。

倪良端：〈江姐：苦難中成長的共產主義戰士〉，《四川統一戰線》，
　　2008年第9期。

鄭林華：〈學習和弘揚江姐堅貞不屈的精神〉，《新湘評論》，2015年第
　　23期。

楊宏：〈說不盡的江竹筠〉，《紅岩春秋》，2016年第3期。

新社會主義研究叢刊 AA201020

大國初心

作　者	郭海成	
版權策畫	李煥芹	

發 行 人　林慶彰

總 經 理　梁錦興

總 編 輯　張晏瑞

編 輯 所　萬卷樓圖書股份有限公司

排　版　菩薩蠻數位文化有限公司

印　刷　百通科技股份有限公司

封面設計　菩薩蠻數位文化有限公司

出　版　昌明文化有限公司

桃園市龜山區中原街 32 號

電話 (02)23216565

發　行　萬卷樓圖書股份有限公司

臺北市羅斯福路二段 41 號 6 樓之 3

電話 (02)23216565

傳真 (02)23218698

電郵 SERVICE@WANJUAN.COM.TW

大陸經銷　廈門外圖臺灣書店有限公司

　電郵 JKB188@188.COM

ISBN 978-986-496-547-2

2020 年 2 月初版

定價：新臺幣 360 元

如何購買本書：

1. 轉帳購書，請透過以下帳戶

合作金庫銀行 古亭分行

戶名：萬卷樓圖書股份有限公司

帳號：0877717092596

2. 網路購書，請透過萬卷樓網站

網址 WWW.WANJUAN.COM.TW

大量購書，請直接聯繫我們，將有專人為您

服務。客服：(02)23216565 分機 610

如有缺頁、破損或裝訂錯誤，請寄回更換

國家圖書館出版品預行編目資料

大國初心 / 郭海成著.-- 初版.-- 桃園市：

昌明文化出版；臺北市：萬卷樓發行,

2020.02

　面；　　公分.--(新社會主義研究叢刊；

AA201020)

ISBN 978-986-496-547-2(平裝)

1.傳記 2.中國

　　782.187　　　　　　　　　109002152

《不忘初心：中国共产党人的革命故事》©簡體中文版 2018 年 2 月第 1 版 人民日報出版社

本著作物經廈門墨客知識產權代理有限公司代理，由人民日報出版社有限責任公司授權萬卷

樓圖書股份有限公司（臺灣）出版、發行中文繁體字版版權。